말재주는
없지만
할 말
다하는
사람들의
비밀

말재주는 없지만 **할 말 다하는** 사람들의 **비밀**

초 판 1쇄 2020년 07월 08일
초 판 2쇄 2021년 10월 20일

지은이 장기진
펴낸이 류종렬

펴낸곳 미다스북스
총괄실장 명상완
책임편집 이다경
책임진행 김가영 신은서 임종익 박유진

등록 2001년 3월 21일 제2001-000040호
주소 서울시 마포구 양화로 133 서교타워 711호
전화 02) 322-7802~3
팩스 02) 6007-1845
블로그 http://blog.naver.com/midasbooks
전자주소 midasbooks@hanmail.net
페이스북 https://www.facebook.com/midasbooks425

ISBN 978-89-6637-818-0 03190

값 15,000원

말재주는 없지만 할 말 다하는 사람들의 비밀

장기진 지음

미다스북스

당신도 말을 잘할 수 있다!

"말하기 전에는 준비부터 하라!"
이것이 마음의 스트레칭이다.

어떤 분야든 준비 없이 시작하면 부작용이 생기게 된다. 특히, 말과 대화는 나의 마음을 표현하는 것이기 때문에 준비를 더 잘해야 한다.

나는 어려서부터 책 읽는 습관을 들이지 않아 어린 시절 학교에서 국어책 읽기를 해도 숨이 찰 정도로 잘 읽지 못했고 발표는 당연히 나와는 거리가 멀었다. 그랬던 내가 마이크를 잡고 대중들 앞에서 분위기를 들었다 놨다 하는 일을 27년 동안이나 하고 있다.

학창시절 친구들은 아이러니의 정확한 뜻을 나를 통해 알았다고 말한다. 당사자인 나조차도 스스로를 연구 대상이라 생각할 때가 있다.

이번에 책을 쓰면서 그런 능력이 어디서 시작되었는지를 알게 되었는데, 그것은 바로 경청이었다. 책읽기를 하지 않은 소년은 말을 잘 못했기 때문에 다른 사람의 말을 귀담아 들었고 다른 사람들과 대화할 때는 그것을 바탕으로 했던 것이다. 잘 들어놨다가 그대로 써먹었던 것이다.

일석이조의 효과가 여기에 있다. 똑똑하고 말 잘하는 아이들과 대화할 때는 유심히 듣고 있었기 때문에 그 아이들은 자신들의 이야기를 들어주는 나를 좋아했다.

일반적인 스피치(Speech) 관련 서적은 발성과 호흡, 발음 등을 소개한다. 그에 비해 이 책은 내가 많은 사람들을 만난 경험을 바탕으로 누구나 당연히 말을 잘할 수 있다는 사실과, 무엇 때문에 긴장을 하는지에 대한 내용과 자신의 스타일에 맞는 말하기를 할 수 있는 방법에 대해 말하고 있다.

기억력이 좋지 않아 어느 책인지는 모르겠으나 말하기로 고민하고 망설이는 사람들이 가져야 할 마음을 담은 내용으로 해석되어 소개한다.

"꽃을 보고 싶은 순간에 꽃씨를 뿌리면 이미 늦었다. 하지만 뿌리지 않으면 보고 싶은 꽃은 영원히 볼 수 없다."
"늦게라도 원하는 것을 이루겠다면 지금 시작하라. 때로는 길이 없는 숲에도 망설임 없이 들어갈 줄 알아야 한다."

많이 배워 잘하려고 하지 말고 조금씩 고쳐나가려는 마음으로 시작하면 작은 습관이 틀림없이 큰 변화가 되어 원하는 것을 얻을 수 있을 것이다. 무엇을 할 것인지를 고민하기보다는 나를 어떻게 바꿀 것인지를 먼저 고민하고 주변을 둘러보면 방법은 널리고 널렸다.

혜민 스님께서 말씀하셨다.

"행복은 먼 미래가 아닌 바로 지금 느낄 수 있어야 진짜 행복이다."

지금 가슴으로 느끼고 머릿속으로 생각하고 있는 것, 그것이 맞다. 당장 시작하면 행복해질 것이다. 비록 작은 행복이지만 크게 될 때까지 굴리고 또 굴려서 목표를 달성하기를 바라는 마음에서 나도 이 책을 편안하게 썼으니 대화하는 기분으로 가볍게 읽어주기를 바라는 마음을 전하며 인사드린다.

"감사합니다. 사랑합니다."

목   차

1장_말을 잘하려면 어떻게 해야 할까?

2장_고수는 상대가 먼저 말 걸게 만든다

3장_말재주는 없지만 할 말 다하는 사람들의 비밀

4장_기분 좋은 사람으로 기억되는 대화의 기술

5장_말재주가 없어도 말 잘하는 사람이 될 수 있다

말재주가 없다면 주저하지 말고 자기계발에 도전장을 내밀어라.
자존감이 높아지고 자존감을 높이기 위한 자기계발의 경험에서 오는 모든 것들이
말을 잘하게 해줄 것이다.

66 ─────────────────────────────────

군자는 말을 잘하는 사람의 말에만
귀 기울이지 않고 말이 서툰 사람의 말도
귀담아듣는다.
  − 공자

───────────────────────────── 99

말을 잘하려면
어떻게 해야 할까?

01

말을 어떻게
잘할 수 있을까?

나는 25년 동안 말을 하는 직업으로 프리랜서 활동을 하고 있다. 그래서 누군가를 처음 만나면 직업병처럼 상대의 말하는 스타일을 보게 된다. 사실 첫 만남에서는 말을 잘하지 못한다고 평가할 수 없다. 그냥 내성적인 스타일이구나 정도만 생각하게 된다. 하지만, 말을 잘하는 사람은 단번에 알아볼 수가 있다. 요즘은 많은 사람들이 말을 잘한다. 도대체 말이 어떤 것이기에 잘해야 하고 또 우리는 그것을 어려워하는 것일까? 그리고 말을 잘하기 위해서는 어떻게 해야 할까? 우선, 말을 잘하기 위해서는 말이란 무엇인지를 되짚어보자.

우리가 뱃속에서 10달을 헤엄치다가 바깥세상에 나오면 주변 사람들의 환영을 받으면서 첫 대면을 한다. 그 순간 주변에 있던 사람들은 말과 행동으로 축하하고 감사하고 서로 기뻐하며 그 순간의 감동을 나눈다. 하지만 나는 울고 있다. 그들은 울고 있는 내 모습마저도 귀엽고 예쁘다며 말의 주제로 삼는다. 하지만 나는 무슨 말인지 들리지도 않고 말도 할 수 없어서 그냥 울다가 그치고 또 울다가 그치고 만다. 그렇게 시간이 흘러 나의 첫 말문이 열리는 순간 내 주변 사람들은 또 한 번 난리가 난다. 난 그저 엄~, 압~. 이것만 했을 뿐인데 엄마와 아빠로 알아들으니 말이다. 이렇듯 말하기는 기대하지 않은 데서 오는 기쁨이라고 볼 수 있다. 내가 한 단어만을 말해도 상대방이 알아들어야 되는 것이 말이다.

말을 잘한다는 기준을 잡기는 사실 어렵다. 말을 잘한다는 것이 말을 재미있게 한다는 것인지, 아니면 어떤 상황을 잘 설명하는 것인지를 생각할 필요가 있다. 나는 두 가지 모두를 가진 자가 말을 잘한다고 생각한다. 그렇다면 당신은 둘 중 어느 쪽에 가까운지를 체크해봐야 한다. 겁먹지 말고 편하게 둘 중에 가까운 쪽이 어느 쪽인지를 무조건 정해본다. 둘 중 어느 한쪽이라면 반대편만 연습하면 되는데 아무리 생각해도 둘 다 안 된다면 지금부터 단순한 몇 가지 방법을 시도해보자. 사실, 방법이라고 할 것도 없이 그냥 편하게 하면 된다.

나는 어려서부터 책 읽기를 싫어했다. 싫어했다기보다는 집에 읽을 책이 없었다. 그때는 집에 동화책 시리즈가 있으면 좀 사는 집이었다. 그런 내게 책읽기 습관이 안 붙는 건 자연스러운 일이었기에, 학교에서 교과서 읽는 것도 엄청 어색했다. 이 습관은 내가 어른이 되어서 겨우 조금씩 고칠 수 있었다. 지금은 사람들 앞에서 말하는 직업이라 단련되어 있지만 20대 초반까지는 말하는 자체가 엄청나게 싫었다. 할 말도 없고, 조리 있게 하지도 못하고 그냥 입 다물고 있는 게 편했었다.

그러다 학창시절 어느 날 이래서는 안 되겠다는 계기가 생기게 된다.

친구들과 부푼 마음에 3:3미팅을 하게 되었는데 엄청난 충격을 받았다. 친구 한 명은 성적도 좋고 키도 크고 돈 많은 친구라 여학생들이 좋아했고 또 한 친구는 외모는 별로인데 말발이 장난이 아니어서 처음 보는 상대들과도 금방 웃으면서 농담까지 하는데, 나는 말도 잘못하고 그렇다고 부잣집 애처럼 입고 나가지도 않았다. 그날은 그냥 청취자 역할 정도였다. 그리고 한 주가 지나서 알게 된 것이 친구들은 그때 그 아이들을 계속 만나고 있다는 것이었다. 나에게 그 사건은 큰 충격이었고 내가 말문을 트는 시작점이 되기도 했다. 그 후로 난 에세이같이 짧은 문장을 읽기 시작했고 연예인도 한두 명만 집중적으로 알아나갔다. 사실, 긴 문장의 책 읽기는 싫었고 연예인도 더 알고 싶었지만 머릿속에 저장이 되지 않았다. 친구들은 내가 특훈을 하는 것을 전혀 몰랐다. 몇 주 후 다른 미팅을 하게 되었고 여기서 완전 반전이 일어났다. 역시 나의 친구들은 기세등등했다. 나는 테스트를 해야 하기에 좀 긴장은 되었지만 당연히 준비를 하고 갔기 때문에 성공적인 미팅을 할 수 있었다. 돌아오는 길에 친구들이 미팅에 관련된 이야기가 아닌 '변했다, 무슨 짓을 한 거냐' 등 나에 대한 이야기만 했다. 난 살짝 어깨가 올라갔었다.

그때는 그냥 순간적인 말하기를 연습한 것이었다. 하려고 한 것이 아니라 무엇을 위해서 어떤 주제를 준비한 것이 연습이 된 것이었다. 말을 잘하기 위해서 연습을 했고 그것이 먹힌 것이었다. 하지만 이 방법을 숙달시키지 않는다면 낭패를 당할 수 있다. 그 낭패를 나는 얼마 지나지 않아 겪게 된다. 미팅 후의 상황들을 생각하지 않았던 것이었다.

난 단지 미팅을 하기 위해서 에세이집을 읽고 연예인을 외우고 했었지 파트너와 연결이 되고 난 이후의 만남에 대해서는 생각하지 않았었다. 성공을 경험했으면 그 방법으로 더 열심히 습관화했어야 하는데 그렇게 하지 않았던 것이다.

그러다 보니 두 번 세 번 다시 만나도 할 말이 없었다. 내 머릿속은 리셋 되었고 그렇다고 지난번에 했던 말을 할 수도 없고 다시 입 다물고 있었다. 여기서 상대방이 오해를 하기 시작한 것이다. 내가 본인에게 관심이 없다고 생각을 했고 뭔가 화가 난 사람처럼 보였던 것이었다. 아니라고 설명을 해도 처음 볼 때와는 말하는 것도 다르고 뭔가 식상한 말만 하

말재주는 없지만 할 말 다하는 사람들의 비밀

니까 그렇게 느낀 것이었다.
그 후로 만남은 당연히 이어
지지 않았다.

영화 〈시티 오브 조이〉 포스터

그 후 나는 많은 변화를 가
지게 된다. 여전히 책 읽기
는 싫어했고 그래서 선택한
것이 영화로 나왔던 책을 구
입하는 것이었다. 이유는 줄
거리를 알아서 빨리 읽혔기
때문이다. 그 첫 작품이 페

트릭 스웨이지 주연의 영화 〈시티 오브 조이(CITY OF JOY)〉였다. 말하기
연습을 하기 위한 첫 책이었기 때문에 내용이 지금도 생생하게 머릿속에
저장이 되어 있을 정도이다. 영화와 책이 1990년대 후반에 나왔지만 나
는 이 영화와 책의 내용을 평생 우려먹고 있다. 어떤 모임에서 취미 이야
기를 하면 영화보기라고 했고 인상 깊게 본 영화는 당연히 〈시티 오브 조
이(CITY OF JOY)〉라고 했었다. 반면 취미를 책 읽기라고 해도 제목은 같
았고 대신 줄거리를 살짝 언급하면 되었다. 내용을 아는 사람들은 맞장
구를 치면서 자연스럽게 대화가 되었고, 내용을 모르는 사람들은 우리의
대화를 듣고만 있을 뿐이었다. 여기서 영화 이야기하던 사람은 책에만

담겨 있는 이야기를 내가 하게 되면 상당히 똑똑한 사람으로 생각했다. 그 책 속에는 인도의 계급사회와 지명 등이 잘 나와 있기 때문이었다. 그 후로 난 자신감이 생겨났다.

  나는 말주변이 없어서 말발 좋은 사람들이 하는 말만 듣고 있던 사람이었다. 어느 순간 내가 이야기를 풀어나가고 있는 것을 보고 깨달았다. 말을 잘하려면 이야기할 주제를 많이 갖고 있어야 한다는 것이다. 좋은 목소리, 외모, 태도 등 우리가 알고 있는 말을 잘하기 위한 이러한 방법들이 아무리 잘 되어 있어도 머릿속과 마음이 비어 있으면 목소리 좋은 말 못하는 사람, 외모가 깔끔한 말 못하는 사람, 자기 이름만 또박또박 말할 줄 아는 사람이 된다. 그래서 말하기의 첫 단추는 말할 주제를 많이 갖추는 것이다. 개인마다 방법이 있겠지만 나는 대중들이 접할 수 있는 영화나 책 읽기로 시작을 했다. 물론 지금도 책 읽기는 싫어하지만 최근 "핵심 책 읽기"로 한 달 만에 30여 권을 읽었으니 이제 책도 쉽게 읽혀진다. "핵심 책 읽기"는 책쓰기 공부를 하면서 배운 방법으로, 이 방법을 예전에 알았더라면 일찍 책 읽는 습관이 생겼을 것이다. 그랬었다면 〈아침마당〉은 내가 진행하고 있을 수도 있다. 이렇게 책 읽기를 싫어하는 나로 하여금 짧은 기간에 많은 책을 읽게 만든 방법이 있듯이, 말하기도 짧은 시간에 좋아질 수가 있다. 말하기를 직업으로 하기 위해서는 전문적인 트레이닝과 습관이 있어야 한다. 사람들과 대화를 잘하고 관심 밖의 사람이 되지 않기 위한 방법은 내가 친구들과 미팅 때 준비했듯이 요즘 가장 핫한 주제 두 가지만 제대로 습득하고 있으면 된다. 일단 경험을 해봐야 말을 잘할 수 있다는 것을 스스로 느끼게 된다.

나 또한 그때의 작은 계획이 말을 잘 하는 것처럼 보이게 되었고 그 효과가 다른 목표를 갖게 하였다.

말하기는 우리의 패션과 같다. 새 옷을 입어도 어색한 사람이 있고 정말 잘 어울리는 사람이 있다. 말의 주제를 나한테 맞게 줄여서 맞추어야 하는 것이다.

내가 책을 읽고 영화를 보고 누군가에게 들은 것들이 많다고 해서 내스타일이 아니면 내 것이 안 되기 때문이다. 만약 내가 말주변이 없다면 말할 거리를 수집하는 게 첫 번째 과제이다.

그리고 난 다음 그 말을 완전히 나의 스타일로 만들어야 한다. 여기서 나의 스타일이라는 것은 평소 내가 하는 행동과 말하는 스타일을 이야기한다. 그 스타일대로 내가 습득한 꺼리들을 일단 풀어내는 습관을 들인다. 그것이 된다면 조금씩 말에 메이크업을 해주기 시작한다. 자신의 스타일을 절대로 바꾸려 하지 마라. 그 스타일은 말하기 습관이 만들어지고 난 다음 충분히 바꿀 수가 있다.

02

말재주는
달라질 수 있다

우리가 말 잘하는 사람을 이야기할 때 설명 잘하는 사람과 말을 재미 있게 하는 사람 두 가지를 생각해 보자. 우선, 설명을 잘하는 사람은 그 분야에 전문적인 지식을 많이 가지고 있다고 볼 수 있다. 그만큼 설명을 잘하기 위한 지식이 머릿속에 입력이 많이 되어 있다. 그리고 그것을 차 례대로 질서 있게 끄집어내는 것이 설명 잘하는 사람의 특징이다. 또한, 이런 사람의 이야기를 듣고 있으면 무언가 배운 듯한 느낌이 든다. 한 치 의 실수도 없이 노트에 필기한 것을 읽어나가듯 깔끔하게 말하는데 예를 들면 공인중개사, 세무사, 변호사, 교사, 교수 등 많은 전문직이 있다. 계 약서 작성이나 세금 신고 강의 등의 경우 일반인들은 머리 아파하는 부 분이지만 전문가들은 설명을 기가 막히게 해준다.

다음은 말을 재미있게 하는 사람을 살펴보자. 개그맨이나 MC는 직업이기 때문에 말을 준비하고 연구하는 사람들이라 언제든지 툭 치고 나온다. 하지만 이들 중에도 성격상 낯가림을 하는 사람들이 많다. 그래서 낯선 사람들과 대화하는 것을 어색해하는데 상대방들은 잘 느끼지 못한다. 당연히 재미있고 말 잘하는 사람이니까. 하지만 나 같은 경우에도 무대에서 마주하는 수만 명의 관중보다 3평 남짓 대기실에서 처음 만나는 공연팀이나 출연진이 더 어색하다. 하지만 좀 전에 어색했던 사람들도 무대에서 소개하면서 다시 만나면 아주 친한 사람처럼 자연스럽게 말을 한다. 이것은 단련이 되어 있기 때문에 저절로 나오는 반응이다.

예를 들어 당신이 회사의 행사에 마이크를 잡고 사회를 보아야 한다고 생각해보자. 생각만 해도 떨리지 않는가? 떨리는 것이 당연한 것이다. 그런데 사람들은 말을 잘하지 못한다고 할까 봐 고민에 고민을 한다. 강해져야 한다. 헤밍웨이는 이렇게 말했다. "사람을 강하게 만드는 것은 사람이 하는 일이 아니라, 하고자 하는 사람의 노력에 달려 있다." 그렇다. 처음부터 말을 잘할 수는 없다. 일단 시도를 해야 한다. 그 첫 무대를 위해서 열심히 준비를 해야 한다. 나에게 온 기회를 고민하고 떨린다고 피해버리면 말이 인생을 어떻게 바꾸어주는지 경험하지 못하게 된다. 못하는 것이 당연한 것인데 일단 받아들이고 잘하기 위한 노력은 그때부터 고민과 함께하는 것이다.

직업적으로 말을 이야기한다면 개그맨이 MC를 보면 관객들의 초반 집중도가 뛰어나다. 하지만 시간이 지날수록 프로그램 정리가 잘 되지 않는 경우를 많이 보았다. 물론 잘하는 사람도 많다. 회사나 관공서에서 공식 행사라고 하는 의전 행사를 하면 내빈 소개나 회사 대표 인사말을 할 때는 격을 갖추기를 담당자들은 원한다. 가끔 개그맨들은 이 순간에도 웃음을 줄 때가 있다. 나쁜 것은 아니지만 담당자는 속이 타들어간다. 요즘은 시대가 바뀌어서 그나마 이해하지만 예전 같으면 영원히 제명이다. 반대로 MC에게 개인기를 하라고 하면 잘하는 사람도 있지만 못하는 사람이 더 많다. 오프닝에서 개그맨처럼 개인기를 준비하는 MC들도 있지만 그렇지 않은 사람들이 더 많다는 것이다. MC들은 대부분은 말로 시작해서 말로 끝맺음을 한다.

나는 말재주가 있는 사람은 설명도 잘하고 재미도 있는 사람이라 생각한다. 이런 말을 하면 '나는 평생 안 된다, 내 말재주는 바꿀 수 없다, 잘하는 사람은 잘하고, 말 안 되는 사람은 들으면 된다' 이렇게 생각하는 사람들도 있겠지만, 말재주는 충분히 달라질 수 있다. 단지 어느 정도 수준으로 나의 말재주를 향상시킬 것인지 목표를 명확하게 잡아야 한다. 머릿속에 자기 분야의 지식은 풍부한데 설명을 못한다 하는 사람은 그 정보들을 끄집어내는 순서를 글로 써보면 끝난다. 다른 방법이 없다. 여기서 좀 더 잘하려면 손짓이나 표정 같은 게 추가되겠지만 일단 말은 소리

말재주는 없지만 할 말 다하는 사람들의 비밀

내어 던져놓고 봐야 한다.

내가 15년 전에 호주에서 공부할 때 한국에서 영어 한마디도 배우지 않고 '파인 땡큐~' 수준으로 갔었는데 첫날부터 고민에 빠졌다. 어떤 상황이 머릿속에는 다 이해가 되고 한국말로는 설명되는데 영어가 안 되니 앞이 깜깜했었다. 입 밖으로 끄집어내지를 못 하니까 답답한 거였다. 매일 아침 기차를 타고 시티에 있는 학교에 가는데 차표 끊는 것부터 문제였다. 뭐라고 해야 할지, 인사는 해야 하나, 돈을 먼저 주는지 머릿속에서 오만가지 생각을 하는 동안 내 차례는 가까워졌다.

나는 앞사람을 그대로 따라 하기로 마음먹고 유심히 들었다. 근데 의외였다. 상당히 짧게 딱 세 마디로 끝내는 것이었다. 그래서 나도 "시티 리턴 플리즈~." 하고 금액 지불하니까 차표가 내 앞에 떡하니 나왔다. 난 뿌듯해서 웃으니까 역무원이 한마디 한다. "굿데이~." 나도 모르게 "유투!" 이건 뭐야 내 몸이 외국이라고 반응을 하는 것인가. 역무원은 내 표정이 밝으니까 앞사람에게 하지 않은 아침 인사를 나한테 한 거였다. 그래서 사람은 말할 때 밝은 표정으로 해야 하는 것이다. MC가 직업이라 눈치는 엄청나게 빨랐다.

자신감을 얻은 나는 시티센트럴 역에 도착해 커피를 테이크아웃하기로 마음먹었다. 이제 방법을 알기에 또 누군가 주문하는 것을 듣고 메뉴만 내가 원하는 것을 하면 되었다. 15년 전 내가 호주에서 첫 주문한 커피는 카푸치노였다. 그래서 나는 카푸치노 발음은 네이티브만큼 할 수 있다. 나는 하루의 동선이 정해져 있었기 때문에 어디에서 무슨 말을 하고 어떤 걸 주문하고 계산도 누구한테 할 거라는 것까지 계획하고 호주 생활을 했다.

카페나 기차에서 사람들이 대화하면서 웃으면 어떤 포인트에서 웃는지도 유심히 들어두고 기분 나빠 하는 말과 느낌 좋은 말들도 내 것으로 만들었다. 그래서인지 학교에서 듣기 테스트를 하면 점수가 잘 나왔다. 영어를 모르던 내가 호주에 가서 생활하는 데 아무 지장이 없을 정도로 말을 했다. 그렇게 말이 되니까 면허증도 따고 차도 사고 앞집, 옆집 할 것 없이 이웃사촌 다 만들고 현지인처럼 살았었다. 그러다보니 한인회, 재향군인회, 순복음교회, 한인성당 등 한국인이 모이는 큰 단체의 모든 행사 MC는 내가 했다. 그런 계기로 아는 사람이 많아져서 호주 생활은 엄청나게 편했다.

말의 힘은 이렇게 위대한 것이다. 고민하지 않고 편안하게 내가 알고 있는 말을 순서대로 끄집어낸 것이 내가 한 것의 전부이다. 그러면서 밝은 표정을 지으니까 상대방이 먼저 좋은 말을 해주고 손해볼 것은 전혀 없었다. 말재주는 달라진다는 것을 여기에서 알 수 있다. 말뿐만이 아니라 사람은 모든 면에서 달라질 수 있다. 하지만 그 능력은 본인이 하는 만큼 달라진다. 나와 성격이 비슷한 사람은 나의 방법을 사용한다면 공감할 것이고 스타일이 다르다면 상대방 스타일에 맞춰주려고 노력을 하면 될 것이다. 나는 외국에서도 집과 학교를 왕복하면서 계획적으로 어디서 무슨 말을 하고 어떻게 행동할지 항상 머릿속에 저장을 해 두었다. 피곤해보여도 어쩔 수 없다. 말을 잘하기 위해서는 습관이 중요하기 때문에 잘하지 못하는 습관을 잘하게 바꾸기 위해서는 노력을 해야 한다. 영어도 그렇게 연습했었는데 우리말은 더 쉽다.

서점에 가면 스피치에 관련된 전문가가 쓴 책들이 많다. 내 생각에는 발음과 억양은 그 다음 문제다. 본인의 말재주를 바꾸는 계획을 먼저 구상해야 한다. 그리고 계획을 습관화하여야 한다. 예를 들면 매일 아침 좋은 글을 한 페이지 필사를 한다. 하루도 빠지지 않고 한 달 하면 습관이 된다. 그리고 일과 중에 다른 사람이 하는 좋은 말과 글들이 있으면 메모를 한다. 그리고 시간이 날 때 인터넷 검색으로 그 말들의 출처를 찾아본다. 그러면 더 많은 말재주 습관을 갖게 된다. 이건 좀 엉뚱한 방법인데 노래를 들을 때 음악과 가사를 분리해서 듣는다. 이게 무슨 말이냐면 노래를 대화처럼 독백으로 한다는 것이다. 이상하다 싶겠지만 집중이 엄청나게 잘 된다.

말을 할 때 집중하지 않으면 정리가 되지 않기 때문에 말을 하고나서 정리가 되지 않는 것은 '내가 집중해서 말하지 않았구나.'라고 생각하면 된다. 이렇게 자신만의 말재주 늘리기 방식을 하나씩 찾아서 바꾸기 바란다. 말재주는 틀림없이 달라질 수 있다. 그것을 느껴보자.

말재주는 없지만 할 말 다하는 사람들의 비밀

03

말하기에 대해
고민하다

말하기에 대해 고민을 한다는 것은 무엇인가를 말할 준비를 한다는 것이다. 우선 'A와 B 중 어느 것을 말할 것인가?' 또는 '말 자체를 할 것인가, 하지 않을 것인가?'를 두고 고민하게 된다. 그런데 말을 할 때 이런 고민을 하는 것은 굉장히 중요하다.

아무 생각 없이 툭 던지는 사람도 있지만, 뭔가 잘하려고 하다 보니 망설여지는 것이다. 옛말에 돌다리도 두드려보고 건너라고 했다. 만약, 내가 회사에서 2차에 걸쳐 각각 다른 사람들에게 발표를 했다고 하자. 1차 때 반응이 좋아서 2차도 그냥 그대로 발표했는데 엉망이었다면 돌다리를 두들겨보지 않았을 확률이 높다. 말하기의 진짜 고민은 말을 어떻게 할까 하는 고민에 앞서서 전체적인 분위기나 상황을 먼저 파악하고 똑같은 내용도 그날 분위기에 맞게 다시 풀어내어서 말을 해야 된다는 데 있다. 만약 시상식에서 수상을 하고 소감 발표를 해야 한다고 생각하면 밤잠을 잘 수 없을 것이다. 말하는 사람은 무슨 말을 할지 엄청나게 고민하는데 정작 듣는 사람들은 고민만큼 관심은 없다. 그래서 편하게 하고 싶은 말을 짧게 준비하거나 정말 할 게 없다면 그날 분위기에 맞는 명언이라도 하면 박수는 고민해서 한 것만큼 받을 수 있다.

우리말과 영어는 사용 방법상 다른 부분이 많다. 그래서 외국인에게 영어로 말할 때 나는 맞다고 생각해서 말했는데 상대는 못 알아들을 때가 있다. 물론 영어 능력 부족일 수도 있지만 그렇지 않다면 머릿속이 갑자기 완전 복잡해진다.

우리말은 뜻으로 말을 전달하지만 영어는 소리가 상당한 영향을 미치는 언어이다. 말을 할 때에 인토네이션이 없으면 이상하게 들리는 것이 영어이다. 예를 들어 부인을 호출할 때 외국의 경우는 달링, 허니 또는 이름을 부른다. 외국 사람들은 부를 때부터 인토네이션을 주고 높은 톤으로 부르기 때문에 왠지 대답하는 사람이 밝은 표정으로 대답하고 싶어진다.

그런데 우리말은 아버지께서 어머니를 부를 때만해도 참 다양하다. 여보, 당신, 자네, 자기야. 심지어 봐라, 야, 어이~ 등으로 부르는 사람이 실제로 있다. 이렇게 부르면 싸울 준비를 하라는 소리이다. 또한 호출할 때 아버지들은 목소리 쫙 깔고 어머니를 부른다. 어느 어머니가 웃으면서 대답하겠는가. 여기서 몇 개의 단어는 다른 의미로도 사용된다. 그렇다고 우리가 말할 때 헷갈리지는 않는다. 얼굴을 보지 않아도 단어마다 말하는 사람의 표정이나 스타일을 짐작할 수 있다. 이렇게 말을 할 때 소리의 높낮이나 단어만 살짝 고민하고 말을 해도 나에게 돌아오는 대답은 달라질 것이다. 아버지께서 어머니를 부를 때 여보, 당신으로 부른다면 일반적이라고 느껴지지만 야, 어이~로 부른다면 어머니는 그 순간부터 기분이 나빠져 있을 것이다. 고민은 이런 단어나 문장을 선택할 때 먼저 하는 것이다.

나는 25년 전 첫 데뷔 행사의 MC를 의뢰 받았을 때 대상의 연령층이 다양하다는 말을 듣고 나름대로 준비를 해서 현장에 도착했다. 보통 행사 시작 30분~1시간 전에 도착해서 전체 분위기와 현장 상황을 살펴본다. 그 시간에 내가 준비한 프로그램을 변경하거나 추가시켜서 변수에 대비를 한다. 초보자일 때는 프로그램을 많이 준비해두면 좋다. 군대 전역하고 바로였기 때문에 사회 물정도 잘 몰랐고 그때는 행사가 귀할 때라 엄청 기대를 했었다. 하지만, 참가자들이 한두 명씩 입장을 하는데 그때부터 나의 걱정과 고민은 쓰나미처럼 밀려왔다.

잠시 후 호텔 직원이 현수막을 붙였는데 현수막에는 'OOO선생 칠순연'이라고 적혀 있었다. 순간 가슴이 답답해지면서 더 큰 고민이 시작된다. 머릿속은 갑자기 복잡해지고 무대 주변은 손주들이 뛰어다니면서 난장판이 되고 큰아들, 작은아들 여러 명이 교대로 와서 한마디씩 부탁을 해서 정신이 없었다.

　이래서 의뢰인에게 전화가 왔을 때 몇 번이나 물어봐도 다양한 연령층이라고만 했었구나 라는 생각이 들었다. 당시는 회갑, 칠순 때 MC를 부르는 경우가 잘 없었다. 나는 정신을 차리고 할 수 있다는 마음으로 준비했다. 다행히도 준비된 프로그램이 많아서 큰 걱정은 덜 수 있었다. 사실 지금도 그때 상황을 생각하면 황당하다. 관객들의 집중은 전혀 안 되고 아이들은 시작부터 끝날 때까지 내 옆에 붙어 있거나 뛰어다녔다. 어른들은 중간 중간 마이크를 마음대로 잡고 말을 했다. 힘들지 않을 수 없었다. 시간이 어떻게 지나갔는지도 모를 정도였다. 그렇게 첫 행사가 끝나고 돌아오는 길에 정말 많은 생각을 했다. 그전에는 파트 타임으로 대학 페스티벌만 진행을 했었고 전역 후 정식 데뷔의 첫 무대였는데 문화적 충격에 앞으로 이 일을 해야 하나 말아야 하나까지 고민을 했었다. 그런데 일정이 바쁘다 보니 빨리 잊어버렸다. 그 후로 대학이나 기업 행사를 가면 그렇게 쉽고 편할 수가 없었다.

　고민을 한다는 것은 그때 당시에는 힘들고 복잡했던 것이 지나서 보면 고민할 필요도 없었는데 라는 말을 한다. 회사에서 발표를 하거나 모임에서 대화를 할 때 말재주가 없는 사람들은 고민부터 하게 된다. 그 고민을 피할 수 없다면 내가 할 말이나 발표 주제에 관한 고민을 하고 사전 시뮬레이션을 혼자서 해보면 말하기에 엄청난 도움이 된다. 하지만 너무 오랫동안 고민하면 준비한 것의 30%도 말하지 못하는 경우가 발생한다. 나는 우리가 말을 할 때 제일 많이 고민해야 하는 것이 말하는 타이밍이라고 생각한다.

어떤 사람은 상대방을 의식하지 않고 혼자 떠들어댄다. 또 어떤 사람은 말이 왔다 갔다 한다. 말의 요점 정리가 되지 않는 것이다. 말도 치고 빠지기가 잘 되어야 된다. 더 좋은 것은 마당극 하듯이 주거니 받거니가 되면 재미도 있어진다. 내 마음을 보여주는 것이 말과 행동이기 때문에 말을 하려면 나도 모르게 고민이 된다. 말하기를 힘들어하는 사람들을 유심히 보면 심리적으로 본인만 걱정하고 고민한다고 느끼는 것 같다.

나는 말하기에는 정석이 없다고 본다. 왜냐하면, 말하는 목적과 장소, 대상이 모두 다르기 때문이다. 전문적으로 말을 잘하기 위해서는 더 많은 복잡한 연습 단계가 있다. 그런 것들은 전문가들이 하는 것이다. 일반인이 발음 교정을 위해 볼펜을 입에 물고 거울 앞에서 대본을 읽는다면 투잡으로 주말 MC에 도전할 수도 있다. 태어나면서부터 말하는 사람은 없다. 그래서 타고난 말재주꾼도 없는 것이다. 나는 취업을 위해 면접을 본 적도 없고 프레젠테이션을 해본 적도 없다. 그런 내가 25년 넘게 몇만 명 앞에서 작게는 몇십 명 앞에서 진행을 하고 강연을 직업으로 해왔다. 전문적인 부분을 습득하기 위해서는 시간이 오래 걸리고 체계적으로 공부해야 된다. 그런데 일반적인 대화를 하는데 무대에서 진행하듯이 하면 정신 나간 짓이다.

반대로 진행을 하는데 스타벅스에서 친구와 수다 떨듯이 하면 문제가 된다. 그래서 말 잘하는 사람들은 분위기 파악을 빨리한다. 그 사람들도 고민을 한다. 최대한 짧게 분위기 파악 후 어떤 말을 할지에 대한 고민을 한다. 말 잘하는 사람들의 고민은 짧게 하기 때문에 티가 나지 않는다. 말을 잘하지 못하는 사람은 그 고민들이 다른 사람들이 봐도 뭔가 도움을 주고 싶을 정도로 나타난다. 여기서 더 문제는 당사자도 자신의 고민을 앞에 있는 사람들이 알게 되었다는 것을 인지하기 때문에 더 문제가 된다.

나는 말을 종합 예술로 생각한다. 먼저 생각을 해야 하고 느껴야 된다. 그리고 말을 하면서 행동해야 하고 상대의 반응을 살피고 다시 말하기를 반복한다. 그리고 말로 표현을 하면 상대는 들으면서 상상을 하고 이해를 한다. 그래서 사람은 누구나 예술가인 것이다. 이렇게 우리가 말하기 전에 고민하는 것은 도화지 위에 내가 상대방을 위해서 작품을 스케치하

말재주는 없지만 할 말 다하는 사람들의 비밀

는 것이다. 고민은 말하기의 스케치로만 생각하면 될 것 같다. 말할 타이밍을 잡고 분위기에 맞는 주제를 빨리 선정하는 정도면 충분하다. 말하기 전, 말하기에 대한 두려움에 고민만 하지 말고 언제 말을 할지 타이밍에 대한 고민 그리고 주제에서 벗어나지 않기 위한 고민만 짧게 한다면 말하기를 어려워할 이유가 전혀 없다.

04

말하기와 발표는 다르다

우리가 태어날 때는 울음으로 시작하지만 천국에 갈 때는 유언을 남긴다. 말의 중요성은 어마어마한 것이다. 사람을 울리고 웃기고 좋은 말로 동기부여가 되기도 하고, 험한 말로 살인도 하는 엄청난 것이다. 또한, 내가 한 말도 입 밖으로 나가면 내 것이 아니고 다른 사람의 생각으로 변형되어 내 의도와는 전혀 다르게 되는 것이 말이다. 간혹, 좋은 의미로 시작한 말이 길어져서 다른 방향으로 가버리는 경우도 있다. 얼마나 어처구니가 없는가! 그런데 이 말이 눈에 보이지 않기 때문에 일부 사람들은 아무렇게나 하는 것이다.

비행기로 예를 들어보면 LA에서 출발해서 뉴욕으로 가는 비행기 항로가 3도만 잘못 설정되어도 거의 400km 떨어진 워싱턴으로 가게 된다.

눈에 보이지 않는 말은 이것보다 더 엄청난 파장을 일으킨다. 우리 주변에 말 때문에 난처함을 겪는 경우를 쉽게 볼 수 있다. 가볍게 뱉은 말이 돌고 돌아 당사자에게 엄청난 피해를 주는 경우를 말하는 것이다. 댓글 또한 쉽게 던지는 말에 포함된다. 앞에서 하지 못하는 말은 뒤에서도 하지 말라고 하는데 일부 사람들은 뒷담화를 즐기기까지 한다. 이것은 말하는 사람과 듣는 사람의 영혼을 메마르게 하여 결국 문제를 만든다. 말의 에너지가 얼마나 효과가 있는지 예전에 TV에서 생수 한 잔을 유리컵에 따르고 그 잔 속의 물에다 좋은 에너지의 말을 하고 마시는 것을 보았다. 그것이 건강에 좋다고 하니 말의 위력을 한번 더 생각해볼 수가 있다. 증명되진 않지만 기분이 좋아진다는 건 좋은 에너지가 만들어진다는 것이기 때문에 항상 좋은 에너지가 담긴 말을 생활화하는 것이 내 주위에 긍정의 에너지가 항상 머무르게 하는 방법이다. 말하기는 듣기와 조화를 이루면 그 효과는 최고가 된다.

말을 짧게 하는 습관이 있는 후배가 있다. 이 후배의 장점은 본인의 주장을 짧게 말하기 때문에 말싸움을 할 수가 없다는 것이다. 그래서 주변에 적이 없다. 반대 의견을 말하더라도 짧게 하니까 따지는 느낌이 전혀 들지 않는다. 재미난 이야기도 짧게 본인 스타일로 툭툭 던지면 빵빵 터진다. 반면 엄청난 상식을 가지고 있는 선배가 있다. 이 선배는 주제만 던지면 아는 것이 많아서 설명을 본인이 아는 것은 다 해야 한다. 초반 몇 분은 위대해 보이다가 어느 정도 시간이 되면 듣는 사람이 지치기 시작한다. 이것이 쌓여서 그 선배의 이미지가 똑똑한 말 많은 사람이 되어 버렸다. 이것은 아무리 좋은 말도 길게 하면 집중도가 떨어지고 말의 신빙성도 함께 떨어진다는 것을 보여준다. 우리가 말을 많이 해야 할 때가 있고 줄여야 할 때가 있다. 이것을 잘 구분해서 길이 조절을 한다면 좋은 말하기가 된다고 생각한다. 반면, 같은 말하기지만 앞에 나가서 하는 발표가 있다. 발표에도 말로만 하는 것과 PPT를 사용하는 경우와 마이크를 사용하는 경우가 있다. 나는 마이크를 들고 말하는 게 편하다. 습관이 되어 있어서 빈손으로 마이크 없이 혹은 핀 마이크를 옷에 꽂고 말을 하면 어색하다.

몇 명이 앉아 대화할 때는 이야기를 짧게 하면서 분위기를 이끌어가던, 앞에 소개한 후배 같은 사람이 발표를 위해 앞에만 나가면 입술이 붙어버린다. 거기다 마이크라도 쥐어주면 사시나무 떨듯이 떨고 있다. 나는 항상 하던 대로 하라고 말한다. 후배는 나에게 "무대 공포증이 있다, 발표 트라우마가 있다."라고 하는데 나는 무대 공포증과 발표 트라우마는 준비의 문제라고 본다. 발표는 대화와 달리 내용 전달 면에서 설명도 하고 설득도 해야 하기 때문에 일반 내용과 꼭 전달해야 하는 내용을 잘 숙지하고 있어야 한다. PPT 영상으로 발표를 한다면 사람들이 영상을 보면서 이해가 더 빠르고 놓치고 지나가는 자료가 없지만, 원고를 발표

자만 들고 말로만 전달한다면 상황은 또 달라진다. 우리가 학창 시절에 교장 선생님 훈화 말씀을 하실 때 모두 경험해봤을 것이다. 운동장에 줄 서서 기본 20~30분 선생님의 목소리에만 귀를 기울이고 있었으니 얼마 나 힘든 일인가. 오죽하면 여름 아침 조회 시간에는 몇 명은 쓰러지는 경 우도 있었다. 하지만 입대를 하고 신병 훈련소에서 교육을 받을 때는 잠 도 부족하고 배도 고팠지만 앞에서 조교가 설명을 하면 집중이 잘 되었 다. 그때는 큰 종이에 쓴 내용이 현재의 PPT를 대신했다. 공부하기를 싫 어했던 나였지만 앞에서 조교가 설명하는 것은 집중해서 들었다. 그래서 훈련병 중 전체 3등의 좋은 성적으로 육군 맹호 부대 신병훈련소를 수료 했다. 만약 큰 종이에 적힌 설명이 없었다면 나는 졸고 있었을 것이다.

　여기서 중요한 것은 집중이다. 발표를 한다면 청중들의 관심을 집중시 키는 것이 우선이다. 요즘은 세미나에서 강연이 많이 있는데 어떤 강사 님은 그날 주제와는 상관없는 이야기로 집중을 시킨 후 강연을 한다. 그 리고 중간 중간 삼천포로 갔다가 주제로 돌아오는 스킬을 사용한다. 그 러면 객석에 있는 사람은 끝까지 집중을 해서 듣는다. 꼭 이런 방법이 아 니어도 듣는 사람이 알아서 집중하는 경우가 있다. 그것은 그날의 강사 님이 세계 최고의 강사님일 경우이다. 그럴 경우 강사님이 입장하는 순 간부터 난리가 난다. 우리는 전자의 방법을 연구해야 한다. 그래서 발표 를 하기 위해 앞에 나오는 사람은 마음가짐이 달라야 한다. 충분히 준비된 상태에서 웃기는 개인기가 아닌 전달하려는 내용을 확실하게 준비하여야 한다. 이렇게 평소 프로젝트를 발표하다가 주제를 바꾸어 자기계발이나 동기부여로 하면 강연이 되는 것이다.

내가 교보생명 대구본부에서 강연을 했을 때였다. MC가 강연을 하려면 속도 조절이 무조건 필요하다. 청중들에게 재미를 주는 포인트와 집중을 시키는 스킬은 그 어떤 강사보다 잘한다. 하지만 분위기에 빠져들기 쉽고 속도 조절을 못해서 강연이 진행으로 변하는 경우가 있을 수 있다. 그래서 나는 그것을 피하기 위해 나의 경험을 이야기로 풀었다. 그때 주제가 아마도 '어려운 상황에서 YES를 받아 내는 법'이었다. 급하게 만든 주제였지만 그 스토리가 영어도 못하는 내가 호주에 간 이야기로, 나의 호주 생활과 육아에 관한 내용이라 청중의 99%가 여성인 강연에서는 절대 실패할 이유가 없었다.

요즘은 강연 스타일이 진행자처럼 전체를 이끌고 나가면서 토크 쇼 형태의 관객 참여 강연을 많이들 추구한다. 지식 사회라서 직업이 강연자가 아니어도 본인의 지식을 대중들이 좋아하고 필요로 하는 방향으로 기획한다면 누구나 강연자가 될 수 있다고 나는 생각한다. 나는 많은 취미 활동을 하고 있는데 취미 활동을 하면서 만나는 사람들의 전문적인 자기 분야 이야기 듣는 것이 정말 재미있다. 아마 앞으로는 강연을 할 수 있는 공간에서 인원이 많든 적든 서로의 정보를 발표하고 또 전문분야는 코치도 해주는 그런 시스템이 많이 생겨나게 될 것이다.

나는 스타벅스에서 지인들과 수다를 떠는 것을 조금만 준비하고 정리한다면 충분하다고 본다. 만남의 패러다임이 100세 시대인 지금 조금씩 변해가고 있는 것을 느낀다.

이제는 단순히 말을 잘하는 시대는 지난 것 같다. 지식도 많아야 되고 정보도 빨라야 남들에게 뒤처지지 않고 앞서가거나 어깨를 나란히 해나갈 수 있다. 내가 처음 말하기를 공부할 때는 방송국의 자료가 전부인 듯 어렵게 구했는데 이제는 발성이나 호흡, 자세 등 전문적으로 말 잘하는 스킬의 교재는 인터넷에서 쉽게 구할 수 있다. 그래서 나는 이 책을 쓰면서 생각을 했다. 말하기의 방법보다 말하기의 기본을 쓰기로 결정했다. 전문적으로 말하기 방법에 대해서는 아나운서 지망생들만 공부하면 된다. 앞에 나가서 말하는 것이 떨리는데 지금 발음이 문제가 아닌 것이다. 틀림없이 내가 가지고 있는 능력은 충분한데 그 능력을 발휘하지 못하는 부분을 끌어내어야 한다.

나는 매일 조금씩 나아지고 있다는 자기 암시를 꾸준히 하면서 자기 정체성을 길러야 어떤 장소에서라도 내가 가지고 있는 짧은 지식이든 전문지식이든 말할 수가 있는 것이다. 평소에 친구를 만나러 갈 때 오늘도 난 더 나아지고 있다는 생각을 하고 대화는 간결하게 핵심을 짚어서 말하는 습관을 들이면 된다. 회사나 모임에서 발표를 할 때에도 자기 암시를 하면서 나아지고 있는 나의 내면의 지식을 천천히 끄집어내고 주제의 방향만 명심한다면 틀림없이 발표 후 달라진 나의 모습을 볼 수 있을 것이다. 앞에 있는 사람들의 적극적인 반응을 보면 바로 알 수 있다. 말하기와 발표는 틀림없이 다르다. 짧고 간결하게 말하는 것과 짜임새 있고 전문적으로 말하는 차이인 것이다. 하지만 말하기와 발표 모두 핵심을 정확하게 그리고 주제에서 벗어나지 않게 대상들과 공감을 해야 한다는 것은 명확한 사실이다.

05

긴장과 친구가 되라

　우리는 언제 어디서든 말을 한다. 처음 말을 배울 때는 떨리지 않았는데 어느 순간 교실에서 책 읽는 것조차 떨리기 시작했다. 영어를 사용하는 것도 아니고 우리말을 하는데도 긴장이 되고 선생님이 질문이라도 하면 머릿속이 하얗게 되어 버렸다. 이런 경험은 나뿐만이 아니라 누구나 느꼈던 경험이다. 가끔 TV에서 토론을 하는 청소년들을 보면 아주 똑 소리 나게 말을 잘한다. '어떻게 저렇게 토론을 하면서 카메라까지 있는데 청소년이 긴장하지 않고 말을 잘할까?'라는 생각을 한다.

　우리가 말이나 발표를 할 때 긴장을 하고 떨리는 것은 잘 해야 되겠다는 마음과 어떤 목적달성을 해야 한다는 심리적 부담이 작용하기 때문이다. 이것은 나의 의지와는 상관없이 심리적 작용이기 때문에 시간이 지나면 서서히 괜찮아지는 경우가 많다. 해법은 심리적 압박에서 벗어나면 되는 것이다. 그렇다면 방송에 나와서 토론하는 청소년들은 어떻게 긴장하지 않고 잘할 수 있을까. 먼저 리허설을 하는 동안 벌써 스튜디오에 적응이 되었고 본인들이 준비한 토론 자료가 머릿속에 완벽하게 정리가 되어 있었을 것이다.

나는 오랜 기간 전국의 크고 작은 행사를 진행하면서 현장에서 엄청나게 많은 변수들을 경험하였다. 하지만 대부분의 변수들을 미리 예측하고 있어서 당황하거나 실수를 하지는 않는다.

우리나라 3대 불꽃 축제 중 하나인 포항 불빛 축제 MC를 볼 때였다. 이 행사는 15년 동안 마이크를 잡아왔기 때문에 퍼레이드에서부터 불꽃이 연출되는 순간까지의 모든 상황이 내 머릿속에 저장되어 있다. 심지어 퍼레이드를 하다가 병목현상이 생기는 구간과 그 구간을 통과하는 시간까지 나는 계산이 되어 있다. 그래서 변수가 생기면 시나리오에 없는 내용도 내 머릿속에서 다른 내용으로 그만큼의 시간을 벌어줄 멘트를 만들어 낸다. 이것이 방송 MC와 현장 MC의 제일 큰 차이이다.

나는 행사 규모에 따라 한두 시간 전에 현장에 도착을 해서 무대 주변과 시설물의 위치 파악도 하고 별도의 리허설이 있을 경우는 본 행사처럼은 아니지만 시나리오 리딩을 하면서 시간 체크는 꼭 하는 편이다. 5년

말재주는 없지만 할 말 다하는 사람들의 비밀

전 그날도 포항의 영일대 해변의 왼쪽 끝에서 오른쪽 끝까지 2km 백사장에는 사람으로 가득 차 있었다. 공식 행사가 끝나고 행사에 참여한 다른 국가들이 선보이는 불꽃 연출이 있었다. 해마다 3개국이 참여를 하는데 내레이션이 끝나면 15분의 불꽃 연출을 한다. 첫 번째 나라가 끝나고, 두 번째 내레이션이 끝나는 순간 모든 전기가 다운되면서 도로의 가로등만 켜져 있었다. 전기가 나갔으니 마이크는 당연히 사용할 수 없었다. 나는 그때부터 시간 계산을 하였고 객석은 그 많은 사람이 숨을 죽인 채 불꽃을 기다리고 있었다. 멀리 있는 사람들은 불꽃을 보는 게 목적이기 때문에 조금 지연이 되어도 방송 사고라는 것을 모를 텐데, 무대 주변의 내빈들과 관객들은 그 상황을 눈치채고 있었다. 그때 나는 여자 아나운서와 더블 MC였고 나 혼자 무대에 올라갈 테니 따라 나오지 말고 전기가 들어오면 마이크로 말하면서 무대에 나오라고 전달했다. 여기에서 대처를 잘못하면 행사를 완전히 망치게 되고 연출한 기획사는 영원히 그 행사에는 아웃인 것이다. 나는 위기를 기회로 만들어야 했었다.

일반적으로 현장에서 이런 사고가 발생하면 스태프들이 움직여서 복구하는데 3~5분이면 충분하다. 그래서 나는 1분은 흘려보내고 2분에 마이크 없이 올라가서 중저음의 백만불짜리 목소리로 '여러분 불 꺼진 영일대 앞바다 감상해보시니까 어떠세요?'라고 멘트를 했다. 그 말을 하고 나는 앞쪽 관객들과 대화를 시도했다. 그리고는 시간차 멘트를 계속하면서 무대 주변 상황을 살피고 있었다. 그러던 중 전기가 들어왔고 마이크가 켜졌을 때 '뒤에서 못 보신 분들을 위해서 불을 다시 꺼드릴까요?'라고 했다. 전기가 또 내려갈 것을 대비해서 미리 던져놓았던 일종의 보험 같은 멘트였다. 당황하지 않고 그런 상황을 미리 준비하고 있었기 때문에 위기를 잘 넘길 수 있었다. 나는 이때 객석의 사람들과 동등한 입장에서 말을 했던 것이었다. 마이크 없이 그냥 대화를 하듯이 말을 했다. 그러자 관객들은 그 말을 들어주었고 다음으로 무리 없이 연결될 수 있었다.

어떤 모임이든 첫날 빠지지 않는 것이 자기소개이다. 이것은 피할 수 없는 것이다. 어떤 곳은 앞에 나오지 말고 그 자리에 일어나서 하라는 곳도 있는데 그게 더 힘들고 긴장된다. 앞에 나가서 하면 시선을 왼쪽, 오른쪽만 보면 되는데 자리에서 하면 앞뒤좌우 모두 보아야 하기 때문에 더욱 어색하다. 누구도 피해갈 수 없는 시간을 자주 접한다. 이것도 평소 준비를 한사람들은 속으로는 긴장되고 떨지는 모르겠지만 다른 사람들이 볼 때는 자연스럽게 보인다. 나는 발표를 잘 못하는 아이였다. 어느날 외워서 발표를 하겠다고 마음먹고 종이에 10분 분량을 써서 외웠다. 그런데 막상 발표를 하니까 3분도 안 걸렸다. 긴장을 해서 말이 빨라진 것이었다. 원고를 더 길게 준비하거나 말의 스피드를 좀 줄이면 된다. 준비와 연습 외에 긴장을 다스릴 수 있는 것이 없다.

어떤 사람들은 긴장을 없애기 위해 청심환을 먹는데 난 그냥 떨릴 땐 떨고 그 경험을 바탕으로 다음엔 더 준비하고 조금씩 적응을 해나가는 것이 좋다고 생각한다. 공연을 하는 사람들은 제일 긴장되는 순간이 대기실에 있는 순간이다. 이들이 긴장하는 이유는 무대를 어떻게 열광적으로 이끌고 나갈까, 내지는 오늘 관객의 반응은 어떨까 정도이다. 그래서 여유 있는 공연 팀은 자신들 앞에 진행되고 있는 공연을 보면서 즐기는 사람들도 있다. 긴장을 풀기 위함일 수도 있다.

나는 가수나 공연 팀을 소개하고 난 후 인터뷰를 잘 하지 않는다. 이유는 본인들이 발산하는 에너지를 내가 방해할 수도 있기 때문이다. 하지만 간혹 악기가 말썽을 부릴 때가 있다. 이럴 때는 공연하는 사람 입장에서는 긴장되는 순간이다. 그럴 땐 정비할 수 있는 시간을 충분히 주기 위해 인터뷰를 한다.

억지로 하는 것처럼 보이면 안 되기 때문에 문제된 점, 예를 들어 기타 줄이 끊어졌으면 "몇 번 줄이에요?"라고 툭 던지면 긴장하고 있던 기타리스트는 당황하지 않고 손으로 번호를 말해준다. 만약 3번이라고 하면 나는 바로 객석을 향해 혹시 3번 기타 줄 가지고 계신 분 계시냐고 말한다. 약간의 웃음과 조용한 반응. 그러면 내가 다시 "무대는 지금 급한데 반응이 없네요." 이런 식의 말을 한다. 보통 우리는 발표를 하다가 영상이 나오지 않거나 지금처럼 공연에 문제가 생기면 당황하기 때문에 마음이 급해진다. 옛말에 '바쁠수록 돌아가라.'라고 했다. 무대에서 급한 상황이 발생한 공연 팀과 관객들과의 연결고리가 순간적으로 끊어질 수 있는 상황이다. MC의 역할은 이런 상황을 좀 전에 공연을 할 때처럼 대화를 통해서 계속 이어주는 일이다. 나는 지금까지 진행을 하면서 어떤 변수가 생겨도 무대와 관객의 연결고리를 끊게 한 적은 없다.

요즘은 어쩌다 가수들이 공연을 오면 빨리 마치고 다른 곳으로 이동하기 위해서 인터뷰는 하지 말아달라는 경우가 있다. 매니저가 그렇게 말을 한다. 나는 원래 인터뷰를 하지 않는다. 그러다 MR이 잘못되어서 당황하고 있을 때 자연스럽게 인터뷰를 하면서 매니저가 인터뷰하지 말라고 했다고 가수에게 말해버린다. 바쁜 시즌에는 오늘 본 가수를 3일 연속 보는 경우도 있는데 그 뒤로는 매니저가 그런 말을 하지 않는다. 내가 MC라서 어떤 상황이 발생하더라도 긴장하지 않는 것이 아니다. 일반인들도 말하기를 할 때에 그 순간을 생각하지 말고 많은 변수들을 염두에 두면 된다. 긴장은 경험이 많지 않은 데서 온다. 경험에 따라 덜 긴장하고 더 긴장하는 차이이다. 또한 경험이 많은 사람은 적당한 긴장은 즐긴다. 앞에 나가서 직접 떨린다고 말하는 사람들을 보면 긴장을 밖으로 끄집어낸 사람들이다. 그리고는 말을 잘한다. 이렇게 긴장은 피할 것이 아니고 적당히 즐기면서 그냥 내 마음의 친구라고 생각하면 된다.

06

대화의 주인공은
상대방이다

대화를 할 때는 항상 상대가 있다. 한 명이거나 다수이거나. 하지만 대화의 방식은 같다. 한 명과 대화를 하듯이 다수 앞에서 말하면 되는 것이기 때문이다. 다만 다수일 때는 대상을 바꾸어주면서 일대일 대화하듯 하면 된다. 청중들은 다른 사람과 대화를 하여도 자신과 대화 하는 듯한 느낌을 받는다. 우리가 강연을 들을 때 강연자가 나에게 질문을 하고 대화를 하다가 옆 사람에게 질문을 하면 내 스스로가 마음속으로 그 질문에 대한 답을 찾고 있다는 것을 느낄 때가 있다. 이렇게 말은 우리의 모든 감각이 작용하고 앞에서 말한 시각화와 상대 마음의 움직임이 상당히 중요하다. 그러면 대화의 주인공이 왜 상대방이 되어야 하는지를 말해보자. 사람은 어떠한 위치에서든 자기중심적으로 일을 전개해나가려는 특징이 있다. 자기주도적이라는 말이다. 심지어 남의 말에 끌려 다니는 사람도 마음속으로는 자신의 주장과 반대 의견이 분명 있을 것이다.

나는 다양한 분야의 친구들이 있다. 학창 시절 성적은 좋았지만 현재 삶이 넉넉하지 못한 친구가 있고 학창 시절엔 나와 함께 놀기만 했는데 사업 수단이 좋아 엄청난 부를 누리는 친구도 있다. 그렇다고 나한테 도움이 되는 건 아니지만 돈 빌려 달라고 하지 않는 것이 어딘가. 이 친구들과 대화를 해보면 내가 말을 할 때 어떻게 해야 할지 느낀다. 공부는 잘했지만 형편이 넉넉지 않은 친구는 대화를 할 때 내 이야기를 들어주는 스타일이다. 먼저 본인의 말을 하지 않고 내가 물어보는 말에 자신이 알고 있는 내용을 말해준다. 그러다 대화가 깊어지면 이런저런 이야기가 나오다가 본인의 어려운 상황도 털어놓는다. 친구니까. 그렇다고 내가 해결해줄 것도 아니지만 난 그냥 들어주는 것이 도움을 주는 걸로 알고 있기 때문에 들어만 준다. 이 친구와 대화를 하면서 문제가 된 적은 단 한 번도 없었다. 서로의 이야기를 그저 들어주기 때문이다.

하지만, 학창 시절 공부는 지지리도 하지 않고 나와 놀러만 다닌 성공한 친구와 대화를 하면 다르다. 이 친구는 만남과 동시에 뿜어내는 이미지가 친구를 만나는 게 아니고 비즈니스 상대를 만난 느낌이다. 그렇다고 경계할 것까지는 아니다. 친구니까. 함께 지낸 시간이 많은 친구라 누

말재주는 없지만 할 말 다하는 사람들의 비밀

구보다 성격과 스타일을 잘 알기 때문에 말을 들어주는 편이다. 하지만 사람이 상대방의 허세를 듣다보면 한계점이 온다. 듣기 싫을 때도 있지만 그냥 듣고 있으면 사업적 마인드를 배울 수도 있다. 친구 사이에는 돈 자랑 하는 것은 아니지만 현실은 그렇지 않다. 그런 걸 인정해주면서 만나는 것이다.

말에는 지지하는 말과 전환하는 말이 있다고 한다. 앞의 친구는 지지하는 말을 하는 친구이고, 뒤의 친구는 자기 자랑하다가 상대가 뭐라고 하면 상대방의 말을 다른 말로 전환해 버리는 스타일이다. 지지하는 사람과는 대화의 주도권을 주거니 받거니 하면 된다. 하지만 뒤로 갈수록 주인공이 내가 되어가고 있는 것을 볼 수 있다. 원래 잘 들어주면 자기 이야기를 더 많이 하는 것이 대부분이다. 그래서 이런 사람과 대화를 할 때는 좀 더 신중해야 되고 말을 많이 하는 것보다 충분히 들어주는 쪽이 되어야 한다.

반면 상대의 말을 잘라먹는 후자는 피곤한 스타일이다. 하지만 우리가 사회생활을 하면서 나와 맞는 사람만 상대할 수는 없다. 사업적으로는 이런 사람을 상대하는 것이 좀 피곤하더라도 도움이 된다. 처음부터 상대방을 떠보는 말로 시작해서 자기 말만 하는 사람이기 때문에 그냥 들어만 주면 된다. 그러면 대화의 주도권을 나에게 넘겨준다. 그렇다고 완전히 나한테 준 것이라고 착각하면 안 된다. 그냥 대화의 공을 한번 만져 보라고 준 것이기 때문에 바로 넘겨줘버려야 된다. 내 마음만 여유 있다면 정말 편한 스타일이다. 스타벅스에서 따뜻한 커피를 주문해놓고 나는 상대의 이야기를 들으면서 따뜻한 커피를 마시는데 상대방은 신나게 말한다고 커피가 차가워지는 것도 모른 채 자기 자랑 중이다.

　이렇게 말을 자기 주도적으로 끌고 나가는 것은 일반적인 대화에서는 좋지 않은 방법이다. 대화에서 적들이 많아진다. 하지만, 사업에서는 설득력 있는 자기주장이 강하게 어필되기 때문에 성공할 확률이 많다. 현명한 사람이라면 두 가지를 적절히 사용할 것이다. 일반적인 대화에서는 말하는 것보다 듣는 것이 더 중요하다는 것을 모두 알고 있다. 우리는 대화 과정에서 범하는 오류를 체크해야 한다. 듣기만하면 되는 것이 아니고 듣는 것도 상대방이 중요하게 여기는 부분을 잘 들어줘야 한다. 우리는 내가 듣기 좋아하는 말만 들으면서 대화 중 듣기를 잘한다고 착각한다. 그러면 우리가 말을 할 때 상대방을 중심으로 말을 해야 한다. 상대방 중심의 말을 하기 위해서는 시작부터 상대방의 관심사로 대화를 하면 된다. 그러면 상대는 무슨 말을 할지 고민하지 않고 말 보따리를 풀기 시작한다. 그때 나는 나에게 필요한 내용을 얻어낸다. 그 내용을 바탕으로 상대방에게 다시 질문을 하면 상대가 했었던 말이기 때문에 상대는 더 열심히 설명을 해준다.

내가 할 것은 상대가 한 말을 정리만 하면 된다. 질문도 상대가 중심이 되게 질문을 한다. "당신이 이렇게 말씀하셨는데 그렇다면 이렇게 하는 것이 맞겠네요?"라는 식의 질문이면 상대는 이야기 속에 계속 있기 때문에 긍정적인 대답을 할 것이다. 또한, 상대가 주인공이라는 것을 인식시키려면 내가 당신의 말을 잘 듣고 있다는 신호는 계속 보내야 한다.

고개를 끄덕이고 시선을 피하지 않고 미소를 띠는 모습 등은 상대방으로 하여금 안정감을 느끼게 해준다. 우리는 어릴 때부터 상대방을 빤히 쳐다보면 부담스러워한다. 하지만 외국에서는 대화 중 눈을 마주치지 않으면 관심이 없는 것처럼 느낀다. 그래서 영어가 되더라도 외국인들과 대화를 하면 부담스러울 수도 있다.

시선 마주치는 연습을 하면 발표할 때 떨림도 많이 해소가 된다. 무대 공포증이나 발표 떨림이 있는 사람들을 보면 시선 처리에서 자신감이 많이 떨어진다. 그러다보니 앞에 서 있으면 아는 사람을 보아도 긴장되고 모르는 사람이나 상사를 보면 어찌할 바를 모르는 경우가 많다. 어떤 사람은 너무 긴장해서 식은땀을 흘리기도 한다. 사람은 긴장을 하게 되면 체내에서 아드레날린 등의 호르몬이 분비된다. 이것은 운동 같은 어떤 신체적인 활동을 할 때는 도움이 될 수 있지만, 대화에서는 상대방을 인정하지 않고 싸울 준비를 하는 것과 같은 마음이 생길 수 있다. 이럴 때 신체도 긴장을 하게 되는데, 긴장도를 떨어트리는 방법 중에서는 시선 맞추기가 제일인 것 같다. 길을 걸으면서 지나가는 사람들과 눈 마주치는 연습을 할 수 있고 버스를 탈 때 기사님과도, 음식점에서 주문하면서 메뉴판만 보지 않고 주인과 눈을 마주치는 연습을 할 수도 있다. 항상 밝은 표정으로 시선 맞추기를 연습해야 한다. 여러 사람이 있는 공간에서도 마찬가지이다. 시선을 골고루 한 명씩 맞추면 전체는 많은 인원이지만 나는 한 명과 대화를 하는 것이고 사람들도 본인과 대화하는 느낌이 든다. 또한 말을 하다가 명확하게 상대가 실수를 하더라도 바로 지적하면 안 된다. 상대의 실수를 바로 지적해주면 좋은 것 같지만 그렇지 않다. 다른 사람의 실수를 바로 지적하면 실수한 당사자는 인정하기보다 변명 같은 피하기를 먼저 할 수가 있다. 그래서 말에는 타이밍이 필요하다. 정리해보면 대화의 주인공은 상대방이라고는 하지만 이것은 상대의 정보를 내가 더 많이 얻기 위한 기술인 것이다.

　나의 목적달성을 위해 주인공을 상대방으로 하는 것은 스킬에 불과 하다. 결국 나는 말을 많이 하지 않고도 대화를 즐겁게 할 수 있고 상대도 인정받는 느낌을 받았을 테니 성공적인 말하기라고 할 수 있다. 말 잘하는 방법은 내안에 있다.

07

말을 잘하려면
심리학, 철학자가 되라

우리가 흔히 하는 말로 사소한 것에 목숨 건다는 말이 있다. 말도 그렇다. 사소한 것에 감동을 하고 또한 사소한 것에 상처를 입는다. 말하기를 잘하려면 상대방과 대중의 심리를 잘 파악해야 하고 말로 감동을 주기 위해서는 철학자 같은 깊이 있는 언어도 구사할 줄 알아야 한다. 하지만 우리는 심리학과 철학을 전공한 사람도 아니고 어려운 학문인데 어떻게 하여야 할까. 우리가 쉽게 접할 수 있는 SNS의 심리테스트라고 생각하면 될 것이고 유명한 철학자가 한 말을 인용하면 되는 것이다. 나는 단지 상식선에서의 공부나 책읽기만 해도 충분하다.

나는 진행을 하기 전에 아이스 브레이킹을 위해 서로를 간단하게 알 수 있는 심리테스트를 먼저 한다. 둘씩 마주보고 인사를 시킨다. 인사할 때의 어색한 분위기는 모두 알 것이다. 이제 둘만의 공통점을 찾게 될 텐데 내가 쉽게 답할 수 있는 질문을 던지고 3초 안에 둘이 동시에 답하는 것이다. 예를 들어 "좋아하는 것 콜라/사이다, 하나, 둘, 셋" 하면 동시에 답을 한다. 짬뽕/자장면, 맥주/소주 등의 누구나 답할 수 있고 생활에서 접할 수 있는 것들이다. 대부분 같은 답을 많이 하기 때문에 분위기는 좋아진다. 분위기가 좋은 이유는 내가 파트너와 공통점이 있다고 스스로 발견했기 때문이다. 이후로는 모든 것이 수월하게 흘러간다. 이런 것이 사람의 심리를 자극하는 것이다.

우리는 일상생활에서도 심리적인 부분을 쉽게 발견하게 된다. 엘리베이터 문이 닫히지 않게 잡아주거나 현관문을 열고 들어갔는데 뒤에 사람이 들어올 수 있게 문을 잡아주는 것 등은 배려이고 우리의 심리와 연결되어 있다. 이유는 입장을 바꿔 생각하면 간단하다. 내가 엘리베이터를 타려는데 문이 닫히고 안에 있는 사람과는 눈이 마주친 경우, 현관문을 들어가는데 앞사람이 들어가고 문이 닫혀버리는 경우 등은 누구나 당황스럽고 짜증나는 상황이다. 대화에서도 이렇게 배려해주는 심리가 계속해서 작용을 해야 대화의 질이 높아진다. 대화를 편하게 하기 위해서는 상대에게 호감형이 되면 된다. 상대가 좋아하는 말을 하고 공감대가 형성되는 말을 하면 된다.

나는 취미가 많다. 운동을 특히 좋아하고 만들기도 좋아한다. 그러다 보니 사람들과 대화를 하거나 새로운 곳에 가서도 적응이 빠르다. 운동을 좋아하는 사람들은 자신보다 체력적으로 더 나은 사람을 보면 인정을 해준다. 지금도 하는 운동이 자전거와 검도인데 두 가지를 하기에는 이제 체력적으로 힘들다. 남자들은 지지 않으려는 성격이 있어서 괜히 힘자랑을 한다. 검도 도장에서 죽도로 머리치기를 하는데 1,000개를 허공에 치면 체력이 안 되는 사람들은 자세가 흐트러지고 1,000개를 다하지 못하는 사람도 있다. 나는 자전거로 단련되어 지구력이 좋다. 별로 힘들이지 않고 끝까지 한다.

끝내고 나면 주변에서 체력이 좋다는 말을 한다. 그러면 괜히 우쭐해지기도 한다. 별것 아니지만 칭찬 후의 자신감을 확인할 수 있는 순간이다.

사람들은 다른 이들에게 인정받기를 원한다. 남자들은 경제적 능력이나 체력적인 면에서 또는 사회적 지위 등으로 인정받으려 하고 여성들은 외모와 자녀들의 성공 등으로 인정받고 싶어 한다. 아무리 친하고 좋은 관계의 사람이라도 지적 받는 것은 싫어한다. 인간은 감정의 동물이기 때문이다. 우리는 이러한 심리를 대화에서 이용해야 한다.

우리가 대화를 할 때 나를 조금 낮추고 상대방을 높여주는 행동은 상대방과 나 사이에 있는 어색한 벽을 무너뜨릴수 있는 방법이다. 상대방의 심리는 그 벽 뒤에 가려져 있기 때문에 보이지 않는 것을 내가 바꿀 수는 없는 일이다. 그래서 부탁을 하거나 중요한 대화는 전화로 하는 것보다 직접 만나서 하는 것이 효과가 있다. 전화로 상대방을 설득시키는 것은 쉬운 일이 아니다.

인기 먹방 BJ가 사람들에게 인기를 누리는 것은 그 먹방을 보면서 대리 만족을 한다는 것이다. 그래서 나는 진짜 그럴까 해서 그중 하나를 시청해봤다. 처음에 봤을 때는 '저게 뭐하는 짓인가, 음식을 저렇게 먹으면 몸이 상할 텐데,'라는 생각도 들었다.

하지만, 몇 편 보다 보니 먹방을 신기하게도 웃으면서 보게 되고 내가 먹는 듯한 대리 만족 같은 느낌이 들었다. 사람은 감각적으로 보고 듣는 것만으로도 상상을 하게 되고, 그 상상은 행동도 내가 하는 것으로 만드는 것 같다.

대화를 하다 보면 상대가 자신의 부족한 부분이나 약점을 먼저 말하는 사람들이 있다. 우리는 이런 것들을 빨리 파악해야 한다. 그 사람이 대화에서 그렇게 하는 것은 자학이 아니다. 이런 사람들은 어느 정도 자기 분야에서 성공한 사람들이어서 겸손하거나 어색함의 벽을 허물기 위한 시도를 하는 것이다. 실패한 사람이 하는 자기 비하와는 차원이 다른 것을 느낄 수 있다. 그런데 눈치 없는 사람은 "그래, 넌 그런 부분이 부족해.

말재주는 없지만 할 말 다하는 사람들의 비밀

그건 고쳐야 해. 그리고 그뿐만이 아니고 이런 것도 고쳐야 해."라고 말한다. 이건 상대방의 의도를 전혀 파악하지 못한 실수이다. 하지만 말 잘하는 사람은 상대가 정말 고쳤으면 하는 부분을 스스로 말하여도 '누구나 그럴 수 있다', '세상에 완벽한 사람은 없다' 등의 말로 상대방을 편들어준다. 이렇게 말하는 습관이 되어 있으면 우리는 상대방에게 정말 멋진 사람으로 인식될 것이다. 말 잘하는 사람이 되기 위해서는 상대에게 아는 것을 많이 말하는 것보다 내가 팥으로 메주를 쑨다 해도 믿을 수 있게 만들어야 한다. '당신을 믿습니다!', '믿음직스럽군!', '믿어주세요'처럼 우리는 믿음을 중요시한다.

믿음은 하루아침에 생기는 것은 아니다. 우리 주변에는 말만 그럴듯하게 하는 사람들이 있다. 모든 것을 이룰 듯이 말을 하지만 그런 사람은 계획은 없고 그냥 입에서 나오는 말을 포장해서 듣기 좋게 하는 것이다. 처음에는 대단해보이지만 사람들이 허세라고 생각하면 그 사람이 무슨 말을 해도 신뢰하지 않는다. 그 사람이 말한 것이 지켜지지 않으면 '네가 한 것이 다 그렇지 뭐.'라고 한다. 믿음은 큰 것을 이루어서 증명하는 것이 아니다. 일상생활에서 철저한 자기 관리와 말한 것을 실천 하는 습관에서 쌓이는 것이다.

나는 올해 초 전국 최고의 MC들이 모인 자리에서 책을 쓰겠다고 말을 했다. 그런데 주변 반응은 '과연 그럴까?' 하는 느낌이었다. 이유는 내가 평소 책 읽기를 싫어한다는 것을 모두가 알고 있었기 때문이다. 만약 내가 철인 3종 경기에 출전하겠다고 했다면 모두가 박수를 보냈을 것이다. 그래서 나는 그때부터 매일 책을 쓰는 상상을 하고 있었다. 하지만, 스케줄이 문제였다. 2주가량을 바쁘게 일하다 보면 이런 생각도 쉽게 사라지고 말한 것을 지키지 못할 수도 있었다. 그러나 갑자기 나쁜 코로나19가 전 세계를 마비시켰다. 모든 일정이 취소되고 프리랜서에서 갑자기 실업자가 되어 버렸다. 순간 당황스러웠지만 위기를 기회로 삼았다. 그때부터 나는 책을 읽기 시작했다.

한 달에 40권 이상을 읽으면서 내가 변해가는 모습을 느낄 수 있었다. 책을 쓸 수 있겠다는 자신감도 생겼다. 새벽 5시 반에 일어나서 책을 읽고 필사를 하고 글을 쓰면 점심을 먹을 때까지 한자리에서 일어나지 않을 정도였다. 내가 한 말을 지키기 위해서였다. 이 책을 쓰면서도 나는 계속 생각했다. 지금까지 말을 하고 지키지 않은 것은 거의 없는데 내가 책을 쓴다면 믿지 않았던 사람들이 내가 팥으로 메주를 쑨다 해도 믿게 될 것이라는 생각을 했다.

우리는 말을 하면서 심리적으로 내가 말을 많이 하고 내 자랑을 하고 싶어 한다. 하지만 상대는 본인이 듣고 싶은 말만 들으려고 하고 칭찬 받기를 원한다. 이것은 누군가에게 아부하는 것과는 다르다. 상대가 나에게 하는 말은 어떤 의도가 분명히 있다. 그 말을 어떤 생각으로 했을지 상대방의 입장에서 생각하고 대화를 한다면 내가 말재주가 없어도 상대가 만족하는 대화가 될 것이다. 심리학, 철학이라 해서 어렵게 생각할 필요는 없다. 우리의 일상을 좋은 습관으로 채워나가는 것이 철학적인 것이다.

66

말도 아름다운 꽃처럼 그 색깔을 지니고 있다.
- E. 리스

2장

고수는 상대가
먼저 말 걸게 만든다

먼저 웃으며 인사하라

우리가 살아가면서 말로서 많이 하는 것이 인사이다. 말로 반복적으로 하는 것은 중요한 것들이 많다. 제일 먼저 엄마, 아빠를 부르는 것으로 말문을 열고 인사하는 법을 배운다. 정해진 순서도 아닌데 '안녕하세요' 를 할 수 있도록 보는 사람마다 시킨다. 인사가 중요하기 때문이다. 집으로 말하자면 대문에서 초인종을 누르는 것과 같다고 할 수 있다.

인사의 방법도 다양하다. 예전에는 '출필곡 반필면(出必告 反必面)'을 반드시 해야 한다고 배웠다. 외출할 때 부모님께 '다녀오겠습니다.'라고 말하고 귀가 후 '다녀왔습니다.'라고 하는 것이다. 집안에 어른들께서는 집에 들어오실 때 헛기침을 한번 하시고 들어오셨다. 아주 옛날 이야기이다.

나그네가 집을 방문할 때도 '이리 오너라!' 하는 것은 '실례하겠습니다.' 정도로 해석하면 되겠다. 이렇게 우리 조상들은 서로 인사를 하면서 예를 지켰다. 인기척 없이 다니는 것은 도둑밖에 없었다. 요즘은 아이들과 대화가 없는 집을 보면 가족 중 누가 밖에 나갔는지 집에 있는지조차 모르는 경우도 있다. 아이들은 부모님이 들어온지도 모르고 하루 종일 저녁때 처음 보는데도 인사도 하지 않고 자기 할 일을 한다. 이웃과도 마찬가지다. 앞집과 옆집에 누가 사는지도 모르고 엘리베이터에서 만나면 시선 피하기가 바쁘다. 그러다보니 주차 시비가 나서 실컷 말싸움을 하고 다음날 문 앞에서 앞집 사람인 것을 알게 된다. 문제가 많다.

우리는 말하기의 고수가 되어야 하기 때문에 이런 문제들을 극복하여야 한다. 이런 분위기는 험하게 말하는 고수가 될 뿐이다. 그럼, 인사는 어떤 것이고 어떻게 하는지 말해보자.

인사는 계층이 없다. 누가 먼저 하느냐가 중요하다. 나는 아이들에게 밖에서 누구를 만나든 눈을 마주치고 인사하라고 한다. 특히, 친구의 부모님을 길에서 보게 되면 환한 미소를 띠고 인사하라고 시킨다. 나는 아이들의 친구들을 보면 내가 먼저 인사를 건넨다. 친근함을 표현하는 것인데 어쩌다 나를 알고 있는 아들의 친구가 길에서 못 본 척 지나칠 때 눈여겨 봐둔다. 그리고 아들에게 친구가 그렇다고 말해주고 다음에 나와 함께 있을 때 확인해보라고 한다. 그렇게 하면 아들은 정말 나에게 인사

말재주는 없지만 할 말 다하는 사람들의 비밀

하지 않는지 지켜보고 집에 와서 말을 한다. '어떻게 인사를 안 할 수 있지? 기분 나쁜데.'라며 인연 끊어야겠다고까지 한다.

인사를 하지 않는다고 나쁜 사람으로 몰고 가면 안 된다. 하지만 사람들은 인사를 습관처럼 하여야 한다. 인사의 효과는 엄청나기 때문이다. 아들이 친구가 인사하지 않는다고 인연을 끊겠다고 하는 것을 보면 인사의 힘이 대단하다.

인사의 중요성은 이것뿐만이 아니다. 우리는 마트나 식당을 가면 고객이라는 마음을 벗어날 수가 없다. 그래서 입구를 들어설 때 인사를 먼저 하기보다 받는 입장이 된다. 나도 그랬다. 어느 날 기분 좋은 일이 있어 점심을 먹으러 갔다가 저절로 밝은 표정으로 내가 먼저 '안녕하세요.' 하고 인사를 했다. 주인은 더 밝은 표정으로 맞아주었고 기분 좋은 일 있냐고 하길래 "웃으면 좋잖아요!"라고 했다. 잠시 후 계란 후라이가 접시에 담겨왔다. "드세요." 한마디와 함께. 나는 "감사합니다."라고 말했다. 그 집은 내가 처음 간 식당인데 웃으면서 인사를 먼저 하고 들어간 것이 좋은 관계를 이어주었다. 그 후로 난 식당이나 주유소, 커피숍 같은 곳을 가면 종업원에게는 더 인사를 잘한다. 인사의 위력을 느낄 수 있다. 어떤 혜택을 더 받기 위해서 하는 것은 아니다. 먼저 인사를 하면 상대방이 말을 걸어온다.

전국의 학교를 중심으로 "먼저 인사합시다"라는 바람이 한동안 불었다. 그것이 확대되어 지자체와 기업에서도 실행하면서 분위기는 많이 밝아졌다. 지금은 코로나19로 인해 사회적 거리두기를 하고 있지만 "먼저 인사합시다" 운동은 서로 알아나가면서 아는 만큼 가까워지는 효과를 만들기 위함이었다. 이웃에 누가 사는지도 알게 되고 학교나 직장에서는 인사를 하면서 서로 소통하기를 바라는 마음의 활동이었다. 인사는 상대방과의 소통에서 마음의 문을 열고 들어가는 것과 같은 것이다.

사람은 각자의 에너지가 있기 때문에 상대가 나의 눈을 피한다는 것을 바로 알아차린다. 인사할 때도 마찬가지다. 나는 인사를 하기 위해 상대를 주시하고 있는데 상대는 눈을 피해 다른 곳으로 방향을 바꾼다고 생각해보자. 악수를 청했는데 다른 사람과 악수하는 그런 느낌이다. 만약 그 사람이 내가 넘겨줄 프로젝트의 담당자라면 나는 다시 한 번 생각하게 될 것이다.

이 지점이 상대방의 첫인상이 결정되는 순간이다. 인사는 타이밍이다. 눈을 마주치면 바로 인사를 해야 한다. 또 여럿이 인사할 때는 무조건 같이한다. 또한 인사는 습관이다. 어른들은 아이들에게 인사하라고 시키지만 정작 어른들은 처음 만난 사람과는 기싸움을 한다.

먼저 인사하라는 것은 인사로 시작하라는 말이다.

많은 회사에서 조회 시간에 단체 인사로 시작한다. 기분 좋게 출발할 수 있기 때문이다. 에너지 교류라고 할까. 인사는 윗사람이 먼저 미소 지으면서 해주면 받는 사람은 하루를 부담없이 시작할 수 있다. 이것은 인사를 해도 근엄하게 걸어가는 상사와는 완전 반대되는 말이다. 인사는 시간, 장소, 대상 등에 따라 조금씩 다르게 해야 한다. 평소에 하는 인사와 명절에 하는 인사는 분위기가 조금 다르다. 장소와 대상에 따라서도 조금씩 달라진다. 인사도 연습을 통해서 습관화하는 것이 좋은 방법이다. 인사를 잘하면 상대방의 부담이 확실히 줄어든다.

만약 우리가 누군가를 처음 만나 서로 인사도 없이 주변을 살피거나 자기 일만 하고 있다면 얼마나 분위기가 어색한가. 하지만 내가 인사를 밝게 먼저 하고 나면 부담이 줄어든 상대방과의 대화에서는 주도권을 먼저 잡아갈 수도 있다.

나는 행사를 진행하기 전에 인사를 하면서도 아이스 브레이킹을 한다.

먼저 왼쪽 오른쪽 사람들을 쳐다보게 한다. 이때는 어색한 분위기가 주변을 맴돈다. 그래서 내가 순서를 정해준다. 먼저 왼쪽으로 고개를 돌려서 왼쪽 사람만 쳐다본다. 그러면 상대의 얼굴은 볼 수 없고 뒷모습만 보기 때문에 조금 낫다. 사람의 심리를 함께 자극하는 것이다. 왼쪽 사람의 뒷모습에 인사를 시킨다. '안녕하세요' 만약 뒤에 사람의 목소리가 들리지 않으면 관심 없어 하는 거라고 말하면 목소리는 올라가게 된다. 그

다음은 오른쪽도 똑같이 반복한다. 여기서 끝내면 분위기는 처음으로 돌아간다. 이번에는 왼쪽 오른쪽 옆으로 손을 잡게 하고 흔들면서 인사를 시킨다. 오랫동안 사용한 방법인데 인사하는 것이 습관화되지 않은 사람들을 수동적으로 인사 시키는 것이다. 놀랍게도 사람들이 이렇게 인사하고 나면 본인 스스로가 인사를 했다고 착각을 한다. 이 방법이 끝나고 나면 사람들의 자세는 가지런하게 정돈되고 집중도가 높아진다.

인사의 장점은 여러 가지가 있지만 인사만 잘해도 대화나 말하기를 리드해 나갈 수 있다. 말 중에도 인사말이 제일 앞에 있는 것은 상대를 배려하고 받아들일 준비가 되어 있다고 알려주는 것이다. 인사말이 끝나면 축사가 따라온다. 우리가 일반적인 시나리오에서 볼 수 있는 순서이지만 우리 생활 가운데 그대로 녹여서 사용하는 것이다. 만약 회사에서 매일 아침 대표가 직원들에게 인사를 한다면 직원들은 활기차게 하루 업무를 보게 될 것이다. 인사는 나의 영혼과 상대의 영혼이 소통하는 것이다. 그래서 밝은 표정으로 인사를 하면 상대의 반응도 밝아지는 것을 볼 수 있다. 말하기의 고수가 되기 위해서는 나의 영혼이 이렇게 밝다는 것을 상대방에게 먼저 보여주는 인사를 하여야 한다. 그리고나서 대화의 리더가 되어라.

02

모르는 척 질문하고
답에 장단을 쳐줘라

사람들은 말을 할 때 본인이 알고 있는 지식을 말하기를 좋아한다. 그렇게 말하다가 점점 꾸며지면서 사실이 아닌 것도 줄줄이 만들어낸다. 사실을 말하는 것은 나쁘지 않다. 하지만, 사실이 아닌 것을 말하는 데서 문제가 생긴다. 순진한 사람들은 거짓말조차 사실인 줄로만 알고 들은 이야기를 옮긴다. 말이 전달되면서 점점 더 붙여지는 것이 많고 그 후 일파만파가 된다. 그래서 말은 확인 없이 전달하면 안 되는 것이다.

나는 누가 한 말이 정확한지 확인을 하는 편이다. 얼마 전 유튜브를 보다가 부동산 재테크관련 영상을 보게 되었다. 기획부동산이라고 했다. 왠지 관심이 생겨 시청을 하는데 기획부동산이 사기라는 것이다. 그래서 확인을 해보기 위해 그 영상에서 정보를 얻고 기획부동산을 찾아갔다. 잘 갖추어진 사무실에서 상담을 했다. 팀장과 상담을 하고 그날 바로 대표 교육을 받았다. 하루 4시간 부동산에 관련된 많은 정보와 법적인 것 그리고 부동산 시세의 변동 시점 등 일주일 교육이었다. 나에게는 아주 유익한 정보들이었다.

　부동산 관련 강의를 들으면 20~30만원은 강의료를 지불하여야 할 텐데 나는 무료로 일주일을 들었다. 부동산 관련 지식을 60% 정도 습득을 한 것 같다. 교육 중 기획부동산의 사기 유형과 사지 말아야 할 부동산 등을 배우게 되었다. 회사는 기획부동산이 아니라 개발 부동산이었던 것이다. 일주일 후 나는 정중히 인사하고 입사는 하지 않았다. 말이 교육이지 나는 무료 강의를 들었던 것이다. 나는 교육을 받는 동안 팀원들과 거짓 없이 진솔하게 대화를 했다. 그들도 내가 일주일 후 계속하지 않을 것이라는 것을 알고 있어서 아쉬워했다.

　부동산으로 재테크나 자신의 꿈을 이루기 위해 일하는 사람들이었다. 자신들도 사람들이 기획부동산은 모두 사기라는 인식이 제일 힘들다고 하였다. 처음엔 나도 의심을 했었다. 교육을 받으러 갈 땐 휴대폰과 가방을 두고 가라고 했다. 난 순간 '불법 다단계에서 그렇게 한다는 말이 있던데.'라는 생각이 들었다. 나는 휴대폰은 무음이고 가방은 습관적으로 들고 다닌다면서 가지고 갔다. 이틀을 들고 다니니까 아무 말도 하지 않았다. 괜한 나 혼자 생각이었던 것이다. 교육 중에 누군가 휴대폰을 하고 있어 지적을 받았다. 그런 것 때문이었다. 대기업도 사내에서 일과시간에 휴대전화를 못 하게 하는데 교육 중이면 지킬 것은 지켜야 된다. 나는 고수들이 사용하는 방식대로 모르는 척 질문을 많이 했다. 처음 광고에는 전원주택 시공사라고 했는데 어디에 짓고 있는지 땅은 언제 보러 가는지 등 궁금한 점을 물어보았다. 여기에 대해서 대답을 해주면서 내가 묻지 않은 부동산 관련 정보들도 말을 해주기 시작했다. 하지만 그때도 나는 의심을 하고 있었다.

회사생활에서 칼같이 지켜지는 점심시간이 되었다. 평소 질문을 잘 하지 않는 사람들도 식당에서는 질문할 수 있다. "어디가 맛집입니까? 주로 어떤 걸 드세요?" 다양한 질문을 할 수 있다. 우리가 하는 말은 시작하기가 힘들지 말문만 열면 어떤 주제로라도 말을 하게 된다. 종로 맛집에서 점심 메뉴를 말하다가 주문 후에는 거제도에 유명한 대구탕집을 이야기한다. 그 후 지난 여름 부산에 여름 휴가 간 이야기를 한다. 말은 이렇게 나의 질문 하나가 대화로 이어지는 것이다.

질문도 아무렇게나 해서는 안 된다. 식당에 갔으면 뭐가 맛있는지를 물어봐야 되는데 자녀교육에 관련된 질문을 하면 이상한 사람 취급한다. 상대방이 바로 생각하고 답해줄 수 있는 질문을 해야 한다. 질문을 할 때는 알고 있는 것도 모르는 척하면서 상대에게 넘기고 답을 하면 장단을 맞추면 된다.

요즘 인기 있는 명륜진사갈비에 식사를 하러 가면 무한리필이지만 고기를 직접 구워야 한다. 고기 굽는 걸 좋아하는 사람이 있는가하면 대부분의 남자들은 편하게 먹고 싶어 한다. 이럴 땐 그냥 먹기만 하는 방법이 있다. 명륜진사갈비라고 들어는 봤는데 거기는 어떤 곳이야 라고 질문을 툭 던지면 서로 어떤 곳인지 설명하기 시작한다. 그리고 테이블에 앉아서 샐러드는 갖다 먹어야 돼? 라고 말하면 누군가가 내가 갖다 줄게 라고 한다. 그리고 고기를 구워서 나한테 제일 먼저 주면서 먹어 보라고 한다. 나는 아무것도 하지 않았다. 그냥 질문 한 번하고 계속 먹기만 했다. 그래서 알고 있는 것도 모르는 척 질문을 해야 한다. 어떤 사람은 상대방에게 질문을 해놓고 상대방이 대답하는 중간에 그건 아니지 하면서 본인이 알고 있는 정보를 말한다. 그러면 상대방이 느낄 때는 알면서 왜 물어봐 라는 반감을 가지게 된다.

정말 모르는 내용을 질문할 때가 있다. 이럴 때는 혼자서 아무리 고민을 해봐도 결론나지 않는 것을 더 잘 아는 사람이나 전문가에게 물어보는 것이 최선의 방법이다. 이때는 질문을 정확하게 하여야 상대방이 대답도 명확하게 해준다. 내가 알고자 하는 지식을 상대의 경험으로 설명

말재주는 없지만 할 말 다하는 사람들의 비밀

해주기 때문에 실수하지 않고 빠르게 지식을 습득할 수 있다. 나는 요즘 많은 사람들이 원하는 유튜브 크리에이터에 도전했었다. 혼자서 유튜브에 접속해 이것저것 시도하다가 실패를 몇 번하고 반드시 성공하겠다는 마음으로 후배들에게 물어보기 시작했다. 채널 개설에서부터 장비 이용법 편집까지 유튜브를 운영하는 지인들에게 질문을 했다. 다양한 반응이었다. 내가 어떤 것을 궁금해 하는지 모르는 사람도 있었고 내가 알고 싶은 것과 다른 대답을 하는 사람도 있었다. 어떤 사람은 컴퓨터 사양과 카메라 조명 등 최소 500만 원은 들여야 하는 장비를 추천했다. 내가 원하던 답변이 아니었다.

나는 지인들이 말해준 내용들을 정리해놓고 내가 필요한 것과 내가 할 것을 비교해보았다. 제일 간단한 방법으로 괜찮은 품질의 영상과 사운드를 원했던 것이다. 그래서 배운 대로 채널 개설부터 하고 갤럭시 S7 전화기를 삼각대에 장착해서 무작정 찍기 시작했다. 그리고 편집 없이 업로드했다. 볼품없는 영상이지만 업로드 했다는 것에 상당히 뿌듯함을 느꼈다. 그래서 만들어진 유튜브 〈장기진Live〉이다. 이 채널은 100% 내가 독학으로 만들었고 40개 이상의 영상으로 리허설을 하면서 당시 초등학생이었던 딸에게 편집 어플 추천 받아 편집도 하고 채널 아트와 프로필 썸네일 같은 기능들을 알아나가고 테스트했다. 이제는 ipad를 이용해서 촬영을 한다. 모든 것을 갖추지 않고도 잘할 수 있다는 것을 보여주고 싶었다. 내가 지인들에게 정확하게 질문을 할 수 없었던 것은 지식이 없어서였다. 지인들은 나의 질문이 정확하지 않으니 답변도 자신들이 아는 대로만 했었다. 내가 질문을 정확하게 했다면 더 빨리 할 수 있었을 것이다.

이제 유튜브 〈장기진Live〉를 만든 경험으로 네이버 블로그 〈장기진의 LIVE 이야기〉와 페이스북과 인스타그램에 도전한다. 이번에는 내가 알고 싶은 내용을 정확하게 정리해서 블로그를 운영하는 후배의 도움을 받아 더 멋지게 해낼 것이다

대부분의 사람들은 자신의 부족함을 다른 사람들에게 말하지 않고 모르는 것도 아는 것처럼 말을 한다. 어떤 사람들은 사실을 말해도 거짓말이라고 하는 사람도 있다.

말을 할 때 어느 정도 과장해서 할 것이라는 생각이 사람들에게 자리잡고 있는 것 같다. 하지만, 아는 것도 모른 척 자기를 낮추어 질문한다고 생각하는 경우는 없다. 그래서 우리는 이러한 심리를 파악해서 상대와 대화의 문을 열고 상대가 설명하는 것에 집중하고 나는 정보 수집만 하면 되는 것이다. 상대방이 말을 시작하게 하는 방법 중 하나는 먼저 묻는 것이다. 그 다음 상대방이 말을 할 때 장단만 쳐주면 더 많은 정보와 내가 듣고 싶어 하는 것들을 상대방은 계속해서 말해준다.

말재주는 없지만 할 말 다하는 사람들의 비밀

03

상대의 말에
내 일처럼 공감하라

　대화를 하다 보면 자기 이야기는 집중해서 하면서 상대방의 말을 씹어먹는 사람들을 간혹 만난다. 정말 성의 없고 짜증나는 사람들이다. 또 말을 할 때 갑자기 뭔가 떠올랐는지 대화 내용과 전혀 상관없는 말을 툭 던지는 사람도 있다. 그리고 제일 심각한 사람은 말을 하고 있는데 중간에 치고 들어오는 사람들이다. 대화에서 배려라고는 손톱만큼도 없는 위인들이다. 간혹 말 잘하는 고수도 말을 너무 많이 하면 한숨이 나올 때가 있다.

　말은 탁구공처럼 주거니 받거니가 되어야 된다. 둘이 할 수 있는 스포츠가 많이 있지만 탁구처럼 상대에게 집중하라는 이유에서다. 말을 할 때 분위기 파악이 안 되어서 자기 말에 심취해서 끊을 듯하다가 다시 연결 또 끊을 듯하다가 연결하는 사람들이 있다. 이럴 때는 접속사를 누가 만들었는지 원망스럽다.

나는 공식 행사도 많이 진행을 한다. 한여름에는 그늘에서 하거나 에어컨이 있는 실내에서 하기 때문에 괜찮지만 늦은 봄이나 늦가을 야외에서 진행할 때는 관객들이 모두 힘들어 한다. 그런데 내빈 인사말을 할 때 눈치 빠른 내빈들은 짧게 인사말하고 나중에 관객들을 찾아가서 인사를 청한다.

그런데 접속사 좋아하시는 내빈들은 항상 있다. 본인 인사말만 하고 내려가면 되는데 내가 처음에 내빈 소개를 다 했는데도 본인 눈에 보이는 내빈들 이름을 한번씩 다시 다 불러준다. 중간 중간 접속사를 넣어가면서 인사말도 한다. "이제 날씨가 완전 여름입니다 많이 더우시죠?"라고 이렇게 말하는 사람들이 많다. 난 옆에 서서 어떤 생각을 할까. 딱 봐도 다들 빨리 말하고 내려가라는 눈치인데…. 사실 관객들은 초대 가수들 보러 왔다. 인터뷰는 길어지면 내가 자를 수 있는데 인사말은 내가 어떻게 할 수가 없다.

왜 길게 인사말을 할까? 정치인들은 모든 행사에 오면 지역구를 위해서 본인이 이룬 성과를 인사말 할 때 또는 축사할 때 한마디씩 한다. 상

말재주는 없지만 할 말 다하는 사람들의 비밀

대에게 내 생각을 전달하는 것이 말인데 정리가 안 되는 경우 접속사가 어색하게 계속 붙는다. 말이 정리되고 난 뒤 동작과 표정이 더해지면서 완벽한 연설이 되고 상대에게 감동도 줄 수 있는 것이다. 정리되지 않은 내 생각을 그대로 말로 옮긴다면 내 말을 듣고 있는 상대는 얼마나 고통스럽겠는가. 5월 말 땡볕에 인사말 듣고 있는 관객과 같은 마음일 것이다. 관심은 온통 초대 가수에게 가 있고 무슨 말하는지는 전혀 관심 밖이다.

말은 상대방이 먼저 하게 하는 것이 좋다. 상대가 먼저 말을 하게 되면 전체적인 대화의 분위기는 내가 조절하면 되기 때문이다. 상대방이 한 말에 호응을 하면 된다. 누군가를 만나러 가는 길에 활짝 핀 꽃들이 있다고 가정해 보자. 상대를 만나면 무슨 말부터 해야 할까?

앞에서 말한 대로 먼저 밝은 표정으로 인사를 한다. 그다음 오면서 본 꽃을 이야기하는데, 만약 장미를 보았다면 "장미 좋아하세요?"라고 하면 "오는 길에 장미꽃이 피어 있더라고요."라고 하는 것보다 훨씬 대화를 주도적으로 가져가기가 편하다.

"장미 좋아하세요?"라는 질문 한 번에 상대방은 말을 하기 시작하고 나는 공감만 해주면 된다. 대신 "오는 길에 장미꽃이 피어 있더라고요."라고 말하면 상대는 "그래서요?"라고 하거나 내가 다음에 무슨 말을 할지 기대하고 기다리고 있게 되고 그러면 대화는 상대가 주도해나가게 된다. 내가 주도해나가기 위해서는 아까 본 장미꽃을 먼저 주저리주저리 설명하고 다시 다른 주제를 잡아야 한다. 쉽게 말해 단순하게 대답하기 쉬운 질문을 하라는 말이다.

나는 상대가 말할 때 저 말을 지금 내가 하고 있다고 생각을 하면서 듣는다. 그러면 말의 핵심이 잘 들리고 내가 그 말에 공감하는 것을 상대가 느끼게 된다. 강연도 마찬가지다. 내가 객석에서 강연을 듣고 있다면 강연자가 강연하는 말과 동작을 내가 하고 있다고 생각하고 듣는다면 강연을 배로 즐겁게 들을 수 있다. 간혹 강연자 중에 지루한 강연을 하는 사람이 있는데 이런 경우도 마찬가지 내가 강연을 듣는 동안 힘들겠지만 공감을 하면서 들어야 끝나면 남는 게 있다. 그렇지 않으면 지루했고 힘들었던 기억만 남는다.

상대의 말에 공감을 한다는 신호를 가끔씩 보내야 한다. 그러면 상대가 나의 눈을 마주치는 횟수가 많아진다는 것을 느낄 것이다. 말하는 사람 입장이 되면 잘 들어주는 사람을 많이 쳐다보게 되고 그 사람에게 질문도 하고 싶고 더 자세하게 설명도 하고 싶어진다.

나는 매년 보험회사의 연차 시상을 진행하고 있다. 행사의 프로그램은 인트로 공연과 강연이 있고 시상식이 이어진다. 강연에서는 외부 강사를 초청해서 듣는 강연과 CEO 강연을 듣게 된다. 시상식 행사는 시간도 길고 상장도 많이 읽어야 하기 때문에 집중해야 하는 행사 중 하나이다. 나는 몇 년을 진행하면서도 강연 시간만은 기다려진다. 사회석에서 강연을 듣는 동안 고개를 끄덕이고 집중을 하다 보면 나도 그들과 함께하는 기분이 든다. 강연하는 사람도 내가 공감을 잘하니까 가끔은 질문도 사회자인 나한테 하고 시선도 자주 마주치게 된다.

나는 진행을 할 때 내가 뭔가를 해서 무대의 주인공이 되는 것이 아니고 관객과 강연자와 내가 하나가 되어 끝나는 시간까지 함께 호흡할 수 있도록 조절하는 역할이라고 생각한다. 이런 역할을 함으로써 공연 팀이나 강연자들은 본인들이 준비한 것을 자연스럽게 풀어낼 수 있고 그러한 편안함을 느낀 관객들은 그들에게 더 열광하고 감동을 받게 된다.

간혹, 상대에게 공감하기 위해서 집중하라고 하면 너무 신중하게 상대를 바라보는 경우가 있다. 이런 경우는 상대를 당황하게 만들 수 있다. 상대가 당황하게 되면 나도 머지않아 말문이 막히게 되고 내가 빨리 눈치를 채고 그 상황을 바꿔야 한다. 우리가 대화를 하면서 상대의 행동을 유심히 살펴보면 내가 어떻게 대응을 해야 할지 알 수 있다. 그래서 우리가 상대방에게 공감을 하기 위해서는 상대의 성격 파악도 중요하다.

나의 아내는 착하고 순수해서 다른 사람들에게 상처를 잘 받는 스타일이다. 쉽게 말해 사회물정을 잘 모르는 사람이다. 그런데 나는 농담도 많이 하고 사소한 이야기도 많이 하는 사람이다. 신혼 때 나는 농담으로 던진 말이 화가 되어 돌아오는 경우가 엄청나게 많았다. 이런 상황이면 백발백중 싸움으로 전개된다. 웃자고 한말에 죽자고 달려드는데 싸우지 않는 사람이 어디 있겠는가! 처음 몇 번은 이해가 안 되었지만 이런 상황을 바꿀 수 있는 건 내가 오해하지 않게 말하는 것 뿐이었다. 이런 사람은 논리적으로 설명하는 것 외에는 방법이 없다. 확인된 사실과 근거 있는 것들로 대화를 해나가야 되고 그렇게 되면 쉽게 내말에 공감하는 스타일이다.

반대로 평소 슈퍼맨처럼 지구는 자기가 지킨다는 자신감 충만한 사람이 있다. 이런 사람은 본인이 말하는 것을 가만히 듣고 있으면 좋아하지 않는다. 오래 알고 지낸 선배 중 한 명은 스타일이 너무 강해서 본인이 말하는 것에 반대하는 것을 용납하지 않는다. 반대하면 잡아먹을 듯이 목에 핏대를 올린다. 이런 스타일이 공감의 효과를 제일 잘 볼 수 있는 상대이다. 정리는 뒤에 가서 어차피 해야 하는 것이기 때문에 칭찬만 해주면 된다. 자신이 하는 말에 무조건 칭찬받기를 원하는 스타일이다.

끝으로 진정한 대화를 할 수 있는 상대는 당연히 지적 수준이 높은 사람들이다. 앞의 사람들은 공감할 때 내가 조절하면서 했다면 지적 수준이 높은 사람은 대화를 하면서 본인이 상대방의 말에 공감을 하면서 대

말재주는 없지만 할 말 다하는 사람들의 비밀

화를 한다. 이런 상대와 대화를 하면 나 또한, 지적 수준이 올라간다. 대신 나의 지적 수준도 항상 업그레이드 되어 있어야 한다. 이렇게 대화의 상대에 따라 공감하는 방식은 다르지만 공감을 함으로 해서 대화의 방향은 좋은 쪽으로 향한다는 것을 알 수 있다.

04

상대가 더 많이
말하게 하라

말은 그 사람의 마음을 표현하는 것이다. 그 목적은 내 마음을 상대에게 잘 전달함에 있다. 그래서 진실되게 말을 해야 하는 것이 기본이다. 노자가 쓴 『도덕경』이 있다. 인간의 화합과 평안을 '도'를 가르침으로 다스릴 수 있다고 한다. 이 책에는 "아는 사람은 말하지 않고 말하는 사람은 알지 못한다."라고 했다. 진정으로 도를 아는 사람은 말하지 않고 어설프게 아는 사람이 말을 많이 한다는 것이다.

요즘처럼 정보화 시대에 말을 하지 않는다는 것은 불가능하다. 하지만 우리는 대화의 목적이 정보 공유이고 상대방으로부터 더 많은 정보를 얻어내기 위함이다. 어느 모임이든 조용히 듣고 있는 사람이 있고 쉴 새 없이 말하는 사람이 있다. 나는 듣고 말하기를 추천하지만 상황이 듣고만 있어야 할 때가 있다. 이렇게 말을 많이 하는 사람을 우리는 수다쟁이라고 한다. 수다쟁이가 하는 말은 뜬소문이 많다. 간혹 모르는 사람은 수다쟁이가 하는 말대로 했다가 낭패를 보는 경우도 있다. 이런 사람들은 본인이 한 말에 책임도 지지 않고 뭘 잘못했는 줄도 모른다. 수다쟁이를 옆에 두면 득보다 실이 많다.

이 수다쟁이들의 특징은 묻지도 않은 말을 계속해서 얼굴을 들이밀면서 한다는 것이다.

수다쟁이는 외국에서도 가볍게 여긴다. 영어로는 토크티브(talkative)라고 한다. 내가 호주에서 잠시 생활할 때 한인들이 없는 동네에 집을 렌트했었다. 외국 사람들은 이사를 오면 먼저 말은 걸어오지 않지만 내가 인사하면 관심은 가져준다. 그보다 내가 먼저 이웃들의 정보를 알아내야 편할 것 같아서 상대를 물색하던 중 독일 출신 부모님과 함께 생활하는 커플이 우리 집 앞에 살았는데 남편이 엄청난 토크티브였다. 그래서 나는 그 친구를 선택했다. 먼저 인사를 하고 이름을 알아내는 것이 첫 번째 목표였다. 그런데 일이 쉽게 풀려나갔다. 인사만 했을 뿐인데 이름을 말해주었다. 이름은 트로이였다. 트로이는 가족들도 모두 나오라고 해서 소개시켜주었다. 그리고 옆집에 누가 살고 직업이 무엇인지까지 말해주고 심지어 자기 옆집에 사는 사람의 아들은 면세점 털이범인데 얼마 전

경찰에 잡혀가서 당분간 집에 없을 것이고, 경찰이 자주 왔다 갔다 해서 그 동네에는 도둑이 없다고까지 말해준다. 트로이는 내가 집에 있는 시간을 귀신같이 안다. 동네 구경을 시켜준다고 자전거를 타고 몇십 키로나 떨어진 시드니 공항까지도 다녀오고 라이딩 하는 동안은 쉴 새 없이 떠들었다. 트로이의 와이프 이름은 보니이다. 보니는 현재도 페이스북으로 연락을 하고 있는데 트로이가 말이 많으니 적당히 알아서 들으라고 나에게 항상 말하곤 했었다.

그 당시 내가 영어를 잘하지 못했었는데도 트로이가 너무 많은 말을 하니까 반복되는 단어는 귀에 들어올 정도였다. 그때 나는 트로이가 말도 잘 통하지 않는 나에게 왜 그렇게 말을 많이 할까 생각해봤었는데 이유는 내가 자기 말을 들어주고 있었기 때문이었다. 트로이는 내가 잘 알아듣지 못하는 부분도 많았는데 그런 생각은 하지 않았던 것이었다. 단지 나는 트로이가 말하면 긍정적으로 "예쓰 예쓰"로 공감하니까 신이 나서 계속 말을 했던 것이었다. 나는 모르는 것이 있으면 트로이를 찾아갔다. 하지만 영어를 물어보면 와이프 보니가 가르쳐주었다. 영어를 잘 못하는 나한테도 가르쳐야 한다는 부담을 느꼈던 것 같다. 대신 보니는 초등학생에게 설명하듯 발음 하나하나 천천히 가르쳐주었다. 그렇게 배우고 있으면 트로이는 중간에 끼어들다가 보니한테 혼이 나곤 했다. 나는 호주 생활을 하면서 트로이 가족을 알게 되어 정말 편하게 지낼 수 있

말재주는 없지만 할 말 다하는 사람들의 비밀

었고 어려운 상황일 때에는 아무리 영어 잘하는 한국인이 가도 해결이 어려운 상황도 트로이 부부와 함께 가면 쉽게 정리할 수가 있었다. 참 고마운 사람들이다.

말이 잘 통하지 않아도 수다 떠는 건 알아차릴 수 있다. 수다가 꼭 나쁜 것만은 아니다. 할머니 할아버지가 계시는 곳에 가면 수다 떠는 사람이 인기가 좋다. 평소 적적한 생활을 하시다가 시끌벅적하니까 무슨 내용인지는 중요하지 않고 그냥 라디오를 생방송으로 듣는 느낌으로 좋아들하신다.

양로원에 봉사 활동을 가면 말이 별로 없는 사람은 복도 청소, 화장실 청소, 무거운 짐 옮기기 이런 봉사를 한다. 수다쟁이는 여기서 자기의 재능을 발휘한다. 할아버지 할머니들과 함께 쉴 새 없이 떠들다가 눈치를 보면서 청소하려고 일어나면 할머니들이 청소는 하는 사람 많으니 계속 놀자고 하신다. 할아버지 할머니는 수다 떠는 것을 노는 걸로 생각하시니 얼마나 인기가 좋겠는가.

봉사 활동을 마치고 돌아오는 길에는 수다쟁이는 자신이 느낀 점을 말하기 시작한다. 별로 한 것도 없으면서 옆에서 듣고 있으면 대단하다는 생각이 든다. 수다쟁이가 말을 멈추는 순간은 지쳐 쓰러져 잠잘 때이다. 그 순간만 조용하다.

또 한가지 장점이 있다. 대구에서 평창으로 후배들과 워크샵을 갈 때였다. 운전하는 후배가 전날 잠을 많이 못자서 피곤해 했다. 그래서 특급 수다쟁이를 옆자리에 장착을 했는데 우리도 그 수다에 빠져서 언제 도착했는지 모를 정도로 지루함도 없이 먼 길을 갈 수가 있었다. 말을 많이 하는 사람의 특징은 언제 어디서든 쉴 새 없이 말을 한다는 것이다. 주제는 상관이 없다. 자기 이야기를 다 하고 나면 다른 사람 이야기를 하기 시작하는데 이야기 당사자도 모르는 사돈의 팔촌까지 모두 파헤쳐서 말을 한다. 문제는 여기서 나오는 것이다.

재미난 말을 많이 하는 것은 문제가 되지 않지만 듣는 사람들의 반응에 따라서 진실이 아닌 거짓이나 확실치 않은 내용들로 꾸미기 시작한다. 듣는 사람들은 진짜인 줄 알고 그렇게 생각하게 되고 나중에 이야기 당사자를 만나면 들었던 내용을 물어보거나 색안경을 쓰고 보게 된다. 말은 사람을 살릴 수도 죽일 수도 있는 양날의 칼 같은 아주 무서운 것이기 때문에 말을 할 때에는 신중을 기해야 된다. 말을 많이 하는 사람들은 가끔 실수를 범할 때가 있다. 말은 마음의 표현인데 자꾸 꾸미다 보면 진실에서 벗어나게 된다. 상대가 나에게 말을 시키면 상황에 맞게 말을 해야 하고 내 뜻을 정확하게 표현해야 한다.

사람은 자신을 높여주는 상대에게 쉽게 말문을 여는 경우가 있다. 상

말재주는 없지만 할 말 다하는 사람들의 비밀

대가 나를 높여주어도 흔들림 없이 나는 항상 겸손한 자세로 상대가 먼저 말문을 열 수 있도록 평정심을 지켜야 한다. 상대방이 먼저 말하게 만드는 방법은 내가 상대방을 높여주고 겸손한 자세로 나 스스로를 낮추어야 한다. 말 잘하는 사람은 현란한 말기술로 상대방의 마음을 뺏는 경우도 있다. 하지만 말이라는 것은 상호 작용을 해야 하는 것이기 때문에 대부분의 사람들은 일방적인 말하기는 쉽게 싫증을 낸다. 우리는 말하기를 통해서 상대방의 정보를 얻어낸다. 발표에서는 나의 정보를 관객들에게 정확하게 전달하는 데 목적이 있다. 개인과의 대화와는 다르게 발표는 상호 작용의 형태가 조금 다를 수 있다. 묻고 답하기와 나의 말에 청중들이 집중 하는 것 그리고 나와 청중들이 공감대를 형성하는 것이다.

우리는 대화에서 상대를 높여주고 상대의 말에 반응을 하면서 최대한 상대방이 말을 더 많이 하게 해주면 된다. 그러면서 우리는 자연스럽게 상대방이 무슨 생각을 하고 말의 핵심이 무엇인지 파악할 수 있다. 상대방이 말을 많이 할수록 내가 실수할 확률은 줄어 든다. 지금까지 우리가 말하기 재능이 없다고 느낀 이유가 말을 그냥 말로만 생각하고 해왔기 때문이다. 말을 더 많이 하면 잘하는 것이라고 착각했기 때문이다. 말하기 고수들은 절대 그냥 말하는 경우가 없다. 상대방이 말하는 것을 관찰하고 말의 핵심을 파악한 다음 자신의 생각을 잘 정리해서 말하기 때문에 고수가 되는 것이다. 우리는 상대가 더 많이 말하게만 하면 된다.

05

긴장된 모습을
숨기지 마라

사람은 누구나 대중 앞에서면 긴장을 하게 된다. 간혹, 불안을 느끼는 사람도 있다. 하지만 우리가 대화나 발표 때에 느끼는 감정은 긴장이다. 긴장이 고조되면 불안처럼 느껴지는 것이다. 과도한 긴장은 우리가 대화나 발표를 할 때 틀림없이 좋지 않은 영향을 미친다. 대신 적당한 긴장은 성공적인 대화나 발표에 도움이 된다. 너무 긴장을 하게 되면 불안을 느끼면서 준비했던 말이나 대본의 일부를 빼먹는 경우가 있다. 자료로써 보고를 하거나 제출을 하게 되면 긴장해서 놓친 부분도 검토하는 과정에서 다시 자료에 나와 있는 내용을 인용할 수 있다. 하지만 말은 적절한 타이밍을 놓치면 무의미해지고 핵심을 잃을 수가 있다.

적당히 긴장을 한다는 것은 말하기 하는 동안 정신을 차리고 집중을 할 수 있는 좋은 상황이다. 내가 적당히 긴장을 하고 있으면 대부분의 상대방은 느낄 수 있을 것이다. 그래서 말을 하는 동안 실수를 하더라도 이해해주는 데 역할을 한다. 그래서 내가 하는 말에 더 집중을 해서 듣는다. 우리가 길을 가고 있을 때 외국인이 다가와서 길을 물어볼 때가 있다. 질문을 하는 외국인은 조금 긴장을 한 상태에서 질문을 한다. 그건 누가 봐도 알 수 있다. 그런 사람에게 화를 내거나 뭐라고 하는 사람은 없다. 그래서 외국어 능력이 좋은 사람은 찾아가기 쉽게 설명을 해준다. 이럴 때는 그 외국인은 편하게 설명을 듣고 인사를 하고 갈 길을 간다. 이번에는 외국어 능력은 좋지 않지만 성격이 활발한 사람이 있다. 이런 사람들은 서툰 영어로 열심히 설명을 하고 말문이 막히면 조금 긴장을 하면서 어떻게든 안내해주려고 노력을 한다. 결국 설명을 받은 외국인은 엄청나게 고마워하면서 갈 길을 간다.

나는 실제로 이런 경험을 한 적이 있다. 호주에서 아들의 병원비 정산을 위해 보험 회사를 찾아갈 때였다. 그 당시 보험 적용이 안 되면 몇 억대의 비용을 지불해야 하는 상황이었다. 아들은 응급 상황에서 두 달 일찍 태어났기 때문에 대형 병원 두 곳을 갔었고 인큐베이터생활을 두 달 동안 했어야 했다. 그러는 동안 많은 의사가 각 과목별로 집중 관리를 했다. 외국은 보험 처리가 되지 않으면 의료비가 눈덩이처럼 불어나기 때문에 나에게는 보험 처리가 절실했다. 전화로 위치를 확인했지만 처음

가는 동네라 많이 헷갈렸고 그 당시 영어 실력도 능숙하지는 못했었다. 오래전이라 네비게이션도 사용하지 않았고 대중교통으로 근처에 가서 물어 물어 찾아 가기로 했다.

호주는 버스에서 내리면 어느 방향으로 가야 할지 방향을 먼저 잡아야 한다. 왼쪽이든 오른쪽이든 건물들이 비슷하고 많이 있어서 처음 가는 지역은 선택을 잘 해야 한다. 우리나라처럼 간판이 많으면 보면서 가면 되지만 어떤 지역은 그렇지도 않다. 버스에서 내려서 나는 왼쪽을 선택했고 조금 가다가 어떤 사람에게 보험사를 물어보았다. 그 당시 보험사 이름이 〈메디뱅크〉였다. 그 사람은 아무렇지도 않게 반대 방향을 가리켰고 나는 반대쪽으로 걷기 시작했다. 찾을 수가 없어 친절해 보이는 사람을 찾아야겠다는 생각에 연세가 지긋한 남자 분에게 물어 보았다. 그러자 그분은 나와 아내를 보고는 나름 상세하게 설명을 해주었는데 영어를 잘하는 사람이 아니었다. 서로 짧은 단어로 대화를 하면서 내가 이해될 때까지 설명을 해주어서 엄청나게 고마웠다. 그 사람이 가르쳐준 한 건물로 들어가니 보험사의 로고가 보였고 길 건너에 있는 그 사람을 향해 나는 다시 손을 흔들었다.

처음에 나에게 길을 가르쳐준 사람은 평소 자신이 가던 대로 손짓만 해주었고 두 번째 사람은 부족한 언어였지만 내가 잘못 알아들으면 그

말재주는 없지만 할 말 다하는 사람들의 비밀

사람은 긴장하면서 더 열심히 설명해주었다. 그날 처음 보는 사람이지만 나는 그 사람의 긴장하는 모습을 보고 더 편한 마음으로 물을 수 있었다. 나도 긴장을 하고 있었지만 상대에게서 긴장하는 모습을 보았기 때문이다.

대화를 하거나 발표를 할 때 전혀 긴장하지 않으면 어떤 경우가 발생할까?

긴장을 많이 해서 불안을 느낄 정도가 되면 당연히 많은 실수를 하게 된다. 또한 전혀 긴장을 하지 않을 수도 없지만 그런 경우가 있다면 겸손하지 않은 말하기를 할 수도 있다. 말을 할 때 긴장하지 않는다는 것은 아무 말이나 막 할 수도 있는 것이다. 부자간의 대화에서 아버지가 아들에게 말을 할 때 상처 주는 말을 하는 것은 너무 편한 마음에서 나온 것이라 생각 한다. 아들이 아버지에게 대들듯이 말하는 것 또한 같은 상황이라고 말할 수 있다. 서로에 대한 부담이 전혀 없는 긴장감 제로의 상태인 것이다.

가정은 작은 사회라고 한다. 나는 아이들의 습관을 집에서 잘 들여야 사회생활을 할 때 문제가 되지 않는다고 생각을 했다. 그래서 조금만 못하는 게 있으면 바로 잡으려고 하는 경향이 있다. 당연히 아이들은 간섭이라 느끼고 좋아하지 않는다. 그럴 때면 나는 정신 상태를 바로잡아 주기 위해 일장 연설을 했었다. 그런데 그 말들 가운데 내가 지키지 않는 것들도 있었다. 아이들도 그것을 알기 때문에 그런 말을 할 때는 이상하게 생각했을 것이다. 집에서 아내와 아이들에게 말을 하면서 긴장을 하는 가장은 없을 것이다. 뭔가 잘못을 해서 아내에게 말할 때는 긴장되지만 그 외에는 긴장할 일이 없다. 그래서 아내에게 아이들에게 상처 주는 말을 하게 되는 것이다.

만약 가족들에게도 말을 할 때 조금만 긴장을 한다면 그리고 그 긴장을 숨기지 말고 그대로 노출시킨다면 집안 분위기가 많이 달라질 것이다. 나는 가끔 이 방법을 사용한다. 하지만 집에서 긴장한다는 것이 쉽지 않다. 그래서 설정을 하여야 한다. 남의 집 아이들에게 하듯이 실수하는 게 있어도 그럴 수 있지 뭐 잘하는 게 있으면 칭찬은 더 많이 해주고 그렇게 하면 아이들의 반응이 달라진다. 잘될 때 그 느낌을 인지하고 습관화시켜야 되는데 그게 힘들다.

나는 어릴 때 달리기를 하면 하위권이었다. 평소 나보다 느린 친구들에게도 운동회 날 달리기를 하면 이상하게 졌다. 초등학교 내내 그랬었다. 부모님도 내가 달리기에서 그렇게 하위권인 걸 이해 못 하셨다. 나는 평소에는 빠른 아이였기 때문이다. 내가 달리기에 부담을 가졌던 것이 아니고 운동회라는 것에 너무 긴장을 하고 있었던 거였다. 달리기를 해서 순위에 따라 지급되는 노트의 권수가 다르다는 것을 생각했고 주변에서 구경하는 다른 부모님들을 보면서 긴장을 했었다. 출발선에 서서 준비하고 있으면 무릎부터 허리까지 힘이 빠지는 것이었다. 그 상태에서 출발하면 친구들은 앞으로 모두 뛰어나가고 나도 열심히는 뛰지만 몸이 말을 듣지 않았다.

극도의 긴장에서 오는 신체 반응을 나는 어릴 때 느껴보았다. 지금은 수만 명의 관객 앞에서도 긴장을 내가 조절할 줄 아는 사람이 되었다. 이렇게 긴장은 조절할 수가 있다. 나는 중학생이 되면서부터 조금씩 긴장을 조절할 줄 알게 되었고 그때부터는 실력 발휘를 해나갔다. 그러다 자신감이 생겨 고등학교 때는 체육대학을 목표로 운동을 하였고 체육 특기생들과 상대로 실기 시험을 보게 되었지만 당연히 특기생들을 이길 수는 없었다. 그때 많은 특기생 친구들로부터 응원을 받았다. 전공을 하지도 않았는데 자신들과 대등하게 시험을 보았기 때문이다. 초등학교 운동회 때 과도한 긴장 상태의 내가 아니었다.

이렇게 긴장은 조절이 가능하다. 내가 경험했기 때문에 자신 있게 말할 수 있다. 말하기의 긴장은 더욱더 조절이 가능하다. 새 학기에 처음 만나는 학우들과 교수님을 보고 긴장되지 않는 사람이 어디 있는가. 면접을 볼 때나 입사를 해서도 직장상사를 보면 당연히 긴장이 된다. 만약

긴장되는 라디오 방송.
충분한 연습과 준비를 하면 긴장도 즐길 수 있게 된다.

말재주는 없지만 할 말 다하는 사람들의 비밀

고도의 긴장이 지속적으로 된다면 조절을 해야 하지만 그렇지 않을 경우
는 상대방이 신입의 이미지를 나에게서 느낄 수 있어 인간적이다.

첫 인사를 하거나 자기소개를 할 때도 조금의 실수를 하는 사람이 더
인간적이듯이 말이다. 만약 실수를 했다면 인정하고 지나가면 되는데 그
실수를 무마하기 위해서 다른 말들로 포장을 한다면 완전 잘못된 선택이
다. 다만 우리가 긴장을 조절하기 위해서는 충분한 준비와 연습이 있어
야 한다. 무대에서 공연 팀이 리허설을 하는 이유도 무대 적응과 실수를
줄이기 위해서이다. 말하기도 리허설이 필요하다. 그 리허설은 평소 자
투리 시간을 이용해서 거울 앞이나 운전을 할 때 항상 말하기 리허설을
하면 된다. 그러면 말하기나 발표에서 오는 긴장감은 스스로 조절하면서
즐길 수도 있게 될 것이다.

상대방의 진심을 이끌어내라

　사람은 누구나 처음 본 사람과 대화하기를 꺼린다. 그리고 다른 사람 앞에 나가서 말하기를 두려워한다. 이런 것들을 극복하기 위해서는 용기가 필요하다. 만약, 누군가를 처음 만난 자리에서 상대방이 나에게 당당하게 말을 걸어오면 당황할 수도 있고 감사한 마음이 들 수도 있다. 내가 준비가 안 된 상태에서 처음 보는 사람이 불쑥 말을 걸어온다면 당황스러울 것이지만 내가 말할 상대를 찾고 있는데 누군가 말을 걸어오면 감사한 일이다. 여기서 반대로 내가 누군가에게 말을 걸었는데 상대가 회피해버리면 나는 몹시 마음이 상할 것이다. 또한, 상대방과 쉽게 대화가 시작되었다면 지금부터 잘 풀어나가야 된다. 상대에 대해서 충분히 모르는 상태이기 때문에 상대의 스타일을 어느 정도 파악하는 대화를 시도해야 한다. 이것은 나와 상대의 공통분모를 찾아내는 과정이다.

이것을 파악하지 않고 성급하게 본론으로 들어간다면 어려움을 겪을 수도 있다. 물과 기름을 보이지 않는 통에 담아서 흔들어서 느낌으로만 보면 어떤 게 물이고 어떤 게 기름인지 모른다. 반드시 뚜껑을 열어보고 냄새를 맡아봐야 알 수가 있다. 물과 기름을 섞으면 둘 다 사용할 수가 없다. 하지만 같은 것은 저절로 섞이게 된다. 우리가 모임에 가보면 어떤 사람은 주변 사람들과 말을 잘하고 어떤 사람은 혼자서 전화기만 만지는 사람이 있다. 전자는 말하기 기술이 뛰어난 사람이라고 보면 된다. 만약, 내가 그런 게 잘 되지 않는다면 주변에 그렇게 하는 사람을 유심히 보고 좋은 것만 체크해서 연습하고 그대로 따라 하면 된다. 세상에서 제일 쉬운 일이 남이 하는 것 보고 그대로 따라 하는 것이다. 그게 어려운 이유는 연습이 부족해서이다.

상대방을 내 편으로 만들기 위해서는 첫인상이 중요하다. 우리는 흔히 사람은 시간이 지나봐야 안다고 하지만 첫인상에서 오는 느낌은 잘 변하지 않는다. 그래서 상대방이 나를 좋게 인식할 수 있도록 하는 것도 나의 능력이다. 나는 27년을 하나의 직업만 고집해왔다. 외모는 평범하지만 부모님이 물려주신 백만 불짜리 중저음의 목소리가 상대에게 첫인상으로 각인된다. 외국에서도 굿 보이스라고 할 정도니까 인정받은 셈이다.

MC는 목소리만 좋아도 반은 성공한 것이다. 행사장에서 객석에 사람이 없어도 안내 방송 한두 번으로 사람을 모으는 것이 목소리 때문이다. 높은 톤의 목소리보다 중저음의 목소리가 안정감이 있기 때문에 집중이 더 잘된다. 하지만 목소리만으로 상대의 진심을 이끌어 낼 수는 없다. 완전 무장해제를 시켜야 한다.

상대가 어느 정도 나를 신뢰할 수 있도록 하였다고 이제 나에게 모든 것을 말해보라는 식의 대화는 금물이다. 상대의 진심을 들으려면 상대와 나의 공통분모를 먼저 찾고 그 부분의 이야기를 많이 나누어야 그 가운데 진심이 나오는 것이다. 말을 많이 했다고 해서 모두가 진심인 것은 아니다.

남자들의 공통분모는 군대이야기, 스포츠, 재테크 이런 것들인데 나는 대구에서 음악을 전공하는 아들과 둘이 서울 생활을 1년 정도 한 적이 있다. 지금은 이사를 했지만 그 당시에는 우리 둘만 소중한 시간을 보내고 있었다. 프리랜서는 시간이 많은 직업이라 아들이 등교하고 나면 나는 운동을 했다. 자연스럽게 동호회도 가입하고 운동으로 사람들과 소통하였다. 처음에는 운동 스타일이나 기록에 관한 이야기가 전부였지만 시간이 지나면서 가정사부터 개인사까지 털어놓는 친구들도 있었고 나도 친구들을 개인적으로 만나 진솔한 대화를 나눌 수 있었다.

말재주는 없지만 할 말 다하는 사람들의 비밀

취미로 즐기는 같은 종류의 운동으로 만나 신뢰하고 사적인 이익을 추구하지 않는다는 것을 알기 때문에 그렇게 말할 수 있는 것이다.

말은 우리의 마음을 표현하는 것이다. 우리의 마음을 상대에게 진실되게 전달하는 것이 목적이다. 이것은 대화에서 뿐만이 아니라 발표에서도 마찬가지인 것이다. 지나치게 꾸미는 데만 정성을 쏟으면 내가 전달하려고 했던 진심은 전달되지 않고 꾸며진 허상만 전달될 수 있다. 우리가 공부를 하는 것은 지식을 채우는 것이고 도를 닦는 것은 자신을 비우는 것이라고 했다. 비움은 우리의 욕심을 비우는 것이다. 인간은 말로써 욕심을 먼저 드러낸다. 현명한 사람들은 핵심을 짚어 짧게 말하는 반면 그렇지 않은 사람은 둘러대기식 말을 해서 자신을 꾸미려고 한다. 내가 먼저 나의 마음을 상대방에게 진실 되게 전달할 때 상대도 나에게 진심을 말할 것이다. 짧게 핵심을 이야기하고 상대의 말을 충분히 들어줄 때 상대는 더 많은 것을 말하고 싶어 하게 된다.

사람들은 말을 할 때 자신이 듣고 싶은 대답을 정해놓고 대화를 하는 경우가 많다.

아마 대부분이 그럴 것이다. 예를 들어 아이의 진로를 가족들이 대화할 때 '너는 어떤 것을 전공하고 싶니?'라고 질문을 하지만 부모님의 생각은 '열심히 공부해서 의사, 변호사가 되겠습니다.'라고 하면 제일 좋은 것이다. 하지만, 대부분의 아이들은 관심이 없다. 아이들이 하고 싶어 하는 것을 물어보는 것이 아니고 부모님이 듣고 싶은 말을 강요하는 것이다. 이럴 때 제일 좋은 대답은 아이가 미소를 띠고 눈을 크게 뜨면서 부모님께 '저는 당연히 열심히 공부해서 의사나 변호사가 될 거예요. 부모님께서 다른 걸 하라고 하셔도 지금은 저의 목표가 그것이라 어쩔 수 없어요.'라고 한다면 그 순간 집안 분위기는 어떻게 될까? 그날은 외식하는 날이다. 사실 이것은 답이 정해진 질문인 것이다. 이렇게 우리가 일상생활에서 대화를 하면 상대방이 듣고 싶어 하는 말이 무엇인지 알면서도 나의 욕심과 고집 때문에 그 대답을 하지 않는다. 상대가 원하는 답을 시원하게 해준다면 상대는 나를 믿고 자신의 속마음을 더 드러낼 것이다. 그렇게 대답을 해준다고 손해볼 것은 없다. 만약 사업적으로 거절해야 하는 상황일 때는 단호하게 거절해야 한다.

요즘 세대는 상대방과의 대화에서 자기 주장만을 강하게 내세우지는 않는다. 여럿이 모인자리에서 대화하는 것을 보면 내 의견과 다른 상대방의 의견도 존중하면서 이야기를 풀어나가는데 결국은 대립되는 의견의 결론을 못내렸을 경우 서로의 의견을 인정해주고 이해하는 모습을 보았다. 예전에는 내 의견만을 목소리 높여 주장하는 것과는 많이 다르다. 그래서 예전에는 목소리 큰 사람이 이긴다고 했는데 요즘은 그런 것이 통하지 않는다. 논리에 맞아야 하고 그 논리를 상대에게 이해시켜주는 것이 요즘 세대다. 내가 아는 것이 전부인 시대는 지난 것이다.

말재주는 없지만 할 말 다하는 사람들의 비밀

상대방을 존중하는 대화의 태도는 말하기의 품격을 높이는 것이다. 만약 나의 의견과 완전 대립되는 상대의 주장이 있다면 그것이 단순히 싫어서라면 그냥 말을 하지 않고 듣고만 있는 것이 상대의 진심을 알 수 있는데 도움이 된다. 말을 해야만 지식이 풍부하고 품격 있는 것이 아니다. 품격은 내가 말을 하지 않고 듣고만 있는 태도에서도 느낄 수가 있다. 이것은 나와 상대방의 내면에서 나오는 에너지이기 때문에 말하지 않아도 느껴지는 것이다.

내가 상대와 대화를 하면서 느끼는 감정들은 상대도 당연히 느끼게 된다. 우리는 서로의 눈을 보고 움직임을 보면서 대화를 한다. 항상 실수는 말로 하게 된다.

상대의 진심을 이끌어내는 것은 거창하거나 어렵지 않다. 상대의 이야기에 귀 기울여주고 당신의 마음과 내 마음이 같다는 반응을 보여주면 되는 것이다. 눈을 마주치고 고개를 끄덕이면서 상대의 말에 공감을 해주면 상대도 나의 말에 공감하게 될 것이다.

상대가 듣고 싶은 말을 해주고 상대방의 관심이 어디에 있는지를 파악해야 한다. 지나치지 않고 부족하지도 않게 겸손하면서 당당하게 자신을 드러낼 수 있어야 상대가 나를 믿고 진솔한 대화를 할 것이다.

07

상대의 이름을
기억하라

나는 대인 관계를 함에 있어 가장 큰 단점이 있다. 두세 번을 만나도 상대의 이름을 잘 기억하지 못한다는 것이다. 언제 어디서 만난 사람인지는 얼굴 보면 알 수가 있는데 이름이 기억나지 않을 때는 정말 미안하고 내 자신이 답답할 때가 있다. 프리랜서로 오랜 기간 전국을 다니면서 일을 해왔기 때문에 처음인 것 같은데 인사를 하는 사람들이 많다. 그러면 같이 인사를 하고 초면이 아닌 것처럼 있다가 그 사람이 자리를 비운 사이 옆에 친한 사람에게 누군지 물어본다. 그렇게 알고 있어야 마음이 편해진다. 문제는 다음에 그 사람을 만나면 음향 팀인지, 조명 팀인지 헷갈린다는 것이다. 머리가 나쁜 것이다.

말재주는 없지만 할 말 다하는 사람들의 비밀

대인 관계에서 처음인 것 같은데 나의 이름을 불러준다면 기분이 좋아진다. 첫 독서 모임에 나가서 자기소개를 하고 2주 후에 다시 만났는데 옆자리에 참가자가 내 이름을 부르면서 말을 걸어온다면 나는 그 사람을 밝은 미소로 대할 것이다. 이름을 정말 잘 외우는 사람들이 있다. 공식 행사를 진행할 때 시나리오에 적혀 있는 순서대로 내빈을 한 명씩 소개를 한다. 직책이 호명하기 힘든 내빈들도 있지만 사전에 끊어 읽기 연습을 해서 잘 넘어간다. 그다음 내빈 인사말을 청하면 호명된 사람은 앞으로 나와서 인사말을 하게 된다. 그때 인사말을 하러 나온 내빈은 명단도 없이 그날 참가한 국회의원과 각 단체 대표의 이름을 단체 이름과 함께 모두 불러주는 경우도 있다.

모두 다 외우고 있다는 것이 대단한 것이다. 나는 경력이 얼마 되지 않았을 때 담당자에게 내가 다 소개했는데 굳이 한 번 더 호명하면서 시간을 보내느냐고 물어본 적이 있다.

담당자는 이름 한 번 더 호명해주면 서로 챙겨준다는 느낌을 받는다고 했다. 실제로 인사말하면서 '빠지신 분 없죠?'라고 물어보는 경우도 보았다. 이름을 불러주면 상대방이 나를 좋게 생각한다는 것이다. 이렇게 쉬운 것을 못했으니 나는 나만의 방법을 연구했다. 주로 기업 담당자나 관공서 담당자를 많이 만나기 때문에 성과 직책만 기억하면 될 것 같았다. 이름보다 직책이 쉽기 때문이다. 성도 생각나지 않을 때는 직책만이라도 불러준다. 이렇게 현장에서 이름 한 번 불러주면 옆에 잘 오지도 않던 사람이 가까이에 와 있는 것을 확인할 수 있다.

이름이 얼마나 중요한지는 기업에 입사를 하면 알 수 있다. 우리나라 대기업들은 신입 사원을 채용할 때 최종 면접까지 합격한 사람에게 꽃다발과 명함을 보내준다. 내 이름이 새겨진 명함을 받으면 그 회사에 충성하겠다는 마음이 생길 것이다. 지난해 아들이 대기업의 장학재단에 장학생이 된 후 그곳에서는 아이들에게 명함을 선물로 만들어주었다. 명함에 익숙하지 않은 아들은 신기하게 쳐다봤고 나는 그때 '이 명함을 받는 사람들이 너의 음악에 감동을 받고 오래도록 간직할 수 있도록 열심히 하라'고 말했다. 요즘 명함은 비싸지 않은 금액으로 쉽게 만들 수 있다. 하지만 내 이름이 새겨진 명함은 내 얼굴과 같기 때문에 관리를 잘 해야 한다. 명함을 전달하는 방법은 상대가 내 이름을 똑바로 볼 수 있도록 전달을 하고 상대가 나에게 명함을 주면 테이블이나 명함 집에 바로 넣지 말고 내용을 확인한 다음 넣는다.

명함에 적혀 있는 상대방의 이름과 직책을 대화 중에 자주 불러 주면서 대화를 하는 것이 상대에게 친근감을 더 느끼게 한다. 만약 기억을 잘하지 못하면 명함을 옆에 두는 것이 좋다. 명함을 받고 난 후 가장 큰 실수 중에 하나가 대화가 끝나고 명함을 그대로 둔 채 자리에서 일어나버

말재주는 없지만 할 말 다하는 사람들의 비밀

린다. 상대의 자존감을 직접적으로 건드리는 행위이니 조심해야 한다.

만약 내가 누군가와 대화를 하면서 명함을 건네고 상대가 먼저 자리를 떠났는데 주차장 바닥에서 내 명함을 발견했다면 어땠을까! 길거리에서 뿌리는 명함들처럼 내 영혼도 마구 뿌려질 것이다. 그 명함에 내 이름이 적혀있지 않다면 별로 상관하지 않을 것이다. 집에 반려견을 데리고 와도 제일 먼저 이름을 지어준다. 온라인에서는 닉네임을 불러준다. 이름을 불러주는 것은 상대에 대한 관심이다.

십여 년이 지난 지금 내가 호주에 있을 때 앞집에 살고 있던 가족들은 페이스북으로 가끔 연락을 한다. 나는 그 집 부모님의 이름은 기억나지 않고 부부와 딸의 이름은 알고 있다. 소식을 물을 때면 가족들의 이름을 부르면 아직 기억해줘서 고맙다고 말을 한다. 우리는 영어 이름을 어려워하지 않는데 그 사람들은 한국 이름이 발음하기도 어렵고 외운다는 건 더 힘들다. 외국인들은 특히 이름을 많이 불러준다. 그리고 처음들은 이름은 메모를 한다. 기억을 하기 위해서이다. 한 번 만난 사람이 다음에 나의 이름을 기억해준다면 아무 말하지 않았더라도 감동받을 것이다.

내가 좋아하는 선배 중에 이름을 엄청나게 잘 외우는 사람이 있다. 광주에 있으면서 전국으로 활동하는 선배인데 학창 시절부터 공부를 잘 했다고 한다. 기업 행사를 하면서 원탁 테이블에 앉을 사람들의 위치와 이름, 직책이 적혀 있는 명단을 사전에 받았다. 최소 테이블이 10개 이상이었다. 나는 두 개 테이블도 힘들었는데 이 선배는 정확하게 테이블에 앉아 있는 사람들 이름과 위치를 외우고 있었다. 대단한 능력의 소유자이다. 쉽게 외우지는 못했을 것이고 많은 노력을 했을 것이다.

그날 프로그램은 가요제처럼 진행이 되었다. 시작 전부터 본인이 준비한 멘트를 하면서 자연스럽게 누군가 옆으로 가서 그 사람의 이름을 불러주니 당사자는 깜짝 놀라는 것이었다. 그렇게 이름을 불린 사람들은 끝날 때까지 진행자에게 눈을 뗄 수가 없게 된다. 참가자 명단은 손에 있지만 불러낼 때는 정확한 위치를 알기 때문에 앉아있는 테이블을 보면서 그 사람을 호명한다. 처음에는 사람들이 우연이겠지 하지만 시간이 지나 중반쯤 되면 서서히 진행자의 능력을 알게 된다. 선배는 남들이 하지 않는 것을 본인의 노력으로 능력화한 것이고 그렇게 이름을 불리는 사람들은 별것 아닌 것 같지만 인정받는다는 느낌을 가지게 된다. 기업 행사나 지자체 행사에서는 대표의 이름은 누구나 숙지하고 들어간다. 하지만 선배는 그 외의 사람들 이름도 사진과 비교하면서 모두 외우고 들어간다. 이것이 진정 프로의 자세인 것이다.

한 번밖에 만나지 않은 상대의 이름을 기억한다는 것은 내가 당신을 긍정적으로 생각하고 있다는 표현이 될 수도 있다. 많은 사람들 앞에서

말재주는 없지만 할 말 다하는 사람들의 비밀

이렇게 현장에서 이름 한 번 불러주면
옆에 잘 오지도 않던 사람이 가까이에 와 있는 것을 확인할 수 있다.

내 이름을 불러주면 그보다 듣기 좋은 말은 없을 것이다. 나는 실제로 한 기업에서 독특한 시상식을 진행한 적이 있다. 상장 내용은 나에게 있고 명단은 대표가 발표를 했다. 방식은 독특하게 대표가 수상자를 호명하고 일일이 수상자의 입사년도와 직책 그동안의 에피소드 등을 말해주는 거였다. 나는 상장 내용만 읽었다. 일반적으로 기업 행사를 가보면 직원들은 상무 이상의 직책에 있는 사람들을 어려워한다.

하지만 그 회사는 대표가 직원들의 신상을 모두 파악하고 있어서인지 거리감을 전혀 느낄 수 없었다. 신입 직원들에게는 가끔 아들을 부르듯이 이름만 부르는 경우도 있었는데 직원들은 상당히 좋아했다. 평소에도 대표는 직원들보다 일찍 출근하거나 함께 출근을 하면서 대화를 나눈다고 했다. 그날 행사를 담당하는 부장에게 대표님이 분위기 메이커냐고 물어보니 그렇다고 하였다.

다른 곳과 분위기가 다른 이유가 아침에 출근을 하면 대표가 다니면서 직원들의 이름을 불러준다는 것이다. 처음부터 그런 게 아니라 거리 좁히기 캠페인처럼 시작한 것이 습관이 되었다고 했다. 직원들의 사기가 올라가고 출근하는 것을 즐거워한다고 했다. 요즘은 이름이 마음에 들지 않으면 개명도 많이 한다. 나쁘지 않다고 생각한다. 이름이 불리기 위해서 지어진 것인데 부르기 힘들거나 이름 때문에 불편함을 느낀다면 내

이름을 기억하기 쉬운 이름으로 바꾸는 것은 나쁘지 않다. 이제 상대를
만나 대화를 한다면 나만의 방법으로 상대의 이름을 기억하고 불러준다
면 상대는 나에게 호감을 느끼게 될 것이다.

66

당신이 수다를 떨면 떨수록
사람들은 그만큼 당신이
한 말을 기억하지 못한다.
– 페네롱

99

말재주는 없지만
할 말 다하는 사람들의 비밀

01

긍정적인 부분부터
이야기한다

지금은 계절이 여름이다. 밖에는 녹음이 우거져 있고 산과 바다의 유혹이 펼쳐진다. 하지만 전 세계적으로 코로나19 바이러스 때문에 모든 것이 멈춰 있다. 직장생활을 하는 사람들은 권고사직이나 무급 휴가를 받았다. 소상공인들은 월세 걱정을 하면서 대출을 받기 위해 줄을 서야 하는 시기이다.

최근 오랜만에 자전거를 타고 탄천을 신나게 달렸다. 강변에는 사회적 거리두기를 권장하는 기간이지만 많은 사람들이 나와서 조깅도 하고 산책도 하고 있었다. 사람들 표정은 밝았다. 그중에는 직장을 잃고 힘들어하는 사람들도 있을 텐데 그들조차 가족들의 즐거움을 위해 웃는 얼굴로 밖으로 나와 가족과 즐거운 시간을 보내고 있다. 바이러스에 대한 두려움도 있을 텐데 이들은 긍정적인 마인드로 즐거움을 느끼고 있었다.

우리는 평소에 말할 때도 부정적인 언어보다 긍정적인 말하기를 좋아한다. 아이들에게도 그렇게 교육을 시킨다. 어른을 보면 공손하게 인사하고 누가 질문을 하면 대답도 크게 하라고 한다. 밖에 나와서 웃으면서 운동을 한다고 해서 모두가 전염되는 것은 아니다. 두려움을 느끼고 있는 것보다는 면역 호르몬 분비로 더 건강할지도 모른다. 하지만 나만 괜찮으면 되는 것이 아니란 것을 모두가 알고 있고 그것이 사회 생활이다.

인간의 말하기는 모든 사회 현상과 나의 신체 상태, 주변 여건 등이 골고루 영향을 미친다. 말만 하면 부정의 시각으로 비난의 말을 쏟아내는 사람이 있다. 그 사람 주변을 가만히 보면 틀림없이 기분 나쁜 일이 있다거나 본인의 의지대로 일이 풀리지 않는 어떤 것이 있을 것이다. 아니면 괜히 심기가 불편해서이다. 누군가가 부정적인 생각을 하거나 말을 하면 우리는 쉽게 부정적으로 말하지 말라고 한다. 하지만 우리 마음속에도 부정이 존재해서 그렇게 말하는 것이다.

나는 법륜스님의 〈즉문즉설〉을 유튜브로 자주 시청한다. 법륜스님도 가끔 객석에서 질문을 하면 짜증스럽게 말씀하실 때가 있다. 말도 안 되는 질문이나 들어도 화가 날 만한 내용일 때는 그렇다. 하지만 이내 질문자의 마음을 헤아리고 해법을 말씀하신다. 질문자의 고민에 대한 정답은 아니겠지만 본인이 스스로 풀 수 있는 묘법을 일러주신 것이다. 법륜스님은 대부분의 질문자들에게 내용은 다르지만 비슷한 방식의 해법을 내놓으신다. 상대를 이해해주고 그 사람으로부터 마음을 내려놓게 하신다. 사람들이 기도를 하고 봉사를 하는 이유가 내 마음을 내려놓기 위함이라 생각한다. 나는 마음이 무거울 때는 아내와 함께 옛 성인들이 핍박받으면서 기도했던 성지를 찾곤 한다. 이곳에 가면 나를 돌아보고 마음이 차분해 지기 때문이다. 말은 내 마음의 표현이다. 마음이 불편한데 긍정적인 말이 나올 수가 없는 것이다.

이런 말들은 우리가 복잡한 사회생활을 하는 것과 같다. 내 마음속에 복잡한 것들이 많이 들어와 있어서 그것들 가운데 부정의 싹이 트고 마음에 여유가 없으면 상대의 작은 실수도 용납하기 싫어지고 심하면 그것을 이유로 내 마음속의 부정의 것들을 밖으로 끄집어내는 것이다.

반면, 미간에 주름은 있지만 말을 할 때 미소와 긍정적인 마인드의 사람을 보자. 이런 사람들은 어지간한 시련이 닥쳐도 "시련은 변형된 축복이다"같은 말을 하면서 모든 것을 받아들인다. 나는 친구들이 참 많다. 그중 체격이 좋고 평소 성격이 매우 조용한 친구가 있다. 하지만 친구들과의 대화 중 어머니 이야기만 나오면 돌변해서 험한 말을 하곤 했다. 횟수도 점점 잦아져 이제는 어머니 이야기가 아니어도 말할 때 부정적인 말을 먼저 하곤 했다.

하루는 그 친구에게 왜 그렇게 변하였는지 물어봤는데 본인도 잘 모르고 있었다. 그래서 언제부터 그랬는지 말을 해주자 그 친구는 자신의 어머니 이야기를 나에게 해주었다. 마음의 상처가 많았던 친구였다. 어머니는 어릴 때 돌아가셨고 어머니가 없는 설움을 오랫동안 받아온 친구였다. 친구들의 어머니 이야기가 듣기 싫어서 한두 번 했던 말이 습관이 되어 이제는 고쳐야 하는 단계가 되어버렸다. 그날 이후 나는 그 친구의 언어 순화를 위해 험한 말이 나올 상황이 되면 데리고 자리를 피하곤 했다. 얼마 지나지 않아 천성이 착한 친구는 부정의 말을 많이 줄이고 지금은 그 친구가 모임에서 다른 친구들이 다투거나 좋지 않은 말을 하면 친구들을 이해시키고 웃는 것이 좋은 것이라고 하며 분위기를 잘 정리한다. 사람은 적응하는 동물이라 좋지 않은 언어나 행동을 주위의 도움이나 본인의 노력에 의해서 충분히 고칠 수 있다.

또 다른 친구는 학창 시절 영화의 명대사나 고사성어를 사용하면서 친구들에게 부러움을 산 친구가 있다. 이 친구는 유복한 가정에서 누릴 것 다 누리면서 자라서인지 친구인 내가 봐도 정서적으로 안정되어 있는 듯

했다. 하지만 난 어느 날 이 친구의 좋지 않은 점을 알아버렸다. 많은 친구들에게 부러움의 대상이었던 이 친구는 사람들 앞에서는 말을 아주 좋게 해도 뒤에서 그 사람을 욕하는 습관이 있었다. 처음엔 누구도 그럴 리 없다고 하였는데 들은 사람들에게 물어보면 말의 시작은 모두 그 친구였던 것이다. 여기서 놀라운 사실은 이렇게 뒤에서 다른 사람 말하는 습관은 잘 고쳐지지 않는다는 것이다. 내가 그 자리에 없는 누군가를 이야기할 때 그 사람 앞에서 못할 말은 뒤에서도 하면 안 된다고 했다.

이렇게 말에는 에너지가 있다. 긍정적인 말을 할 때는 주변에 항상 사람들이 머물고 부정적인 말이나 가식적인 말로 사람을 대하면 어느 순간 주변에 사람들이 없다. 지금 당신 주변을 둘러보면 누군가는 웃으면서 많은 사람들과 건설적인 대화를 하는가 하면 어떤 사람은 스타벅스에서 좋은 음악을 들으면서 누군가를 욕하고 있지 않은가. 누가 뭐라고 해도 긍정의 마인드는 내가 말하는 상대와의 소통과 즐거움을 나눌 수 있고 반면 부정의 마인드는 영혼 없는 대화만을 하다가 서서히 대화가 단절된다.

나는 평소 아이들에게 긍정적 사고를 강조한다. 말이든 생각이든 긍정보다 부정의 힘이 더 강하다는 것도 이야기해준다. 99%의 긍정적인 생각과 말 뒤에는 항상 1%의 부정이 따라다닌다. 그래서 숫자로 봐도 상대도 안 될 긍정과 부정의 차이지만 긍정은 그 1%를 채우기 위해 안간힘을 쓰고 있을 때 부정은 쉽게 긍정을 잡아먹기 시작한다. 이것은 우리의 대부분의 일상에서도 나타난다. 금연을 하고 있던 사람이 흡연의 유혹에 쉽게 빠지면서 하는 말이 금연을 하면서 받는 스트레스나 흡연으로 건강이 나빠지는 것의 차이는 없다는 식이다. 어떤 사람은 다이어트를 하면서 오늘만 먹고 내일부터 하겠다고 한다. 이런 사람은 성격이 아주 좋거나 그냥 포기하겠다는 것이다. 당장 하지 않고 미루는 태도 또한 부정의 의미이고 하지 않겠다는 것이다.

이렇게 부정은 티 나지 않게 모든 것을 나쁜 상황으로 몰아간다. 조금씩 조금씩!

평소 영화의 명대를 잘 말하던 친구도 처음엔 누군가를 뒤에서 욕하고 모함하면 잘못이란 걸 알았을 텐데 시간이 지나면서 나쁘다는 걸 망각했을 수도 있다. 말을 잘하는 사람이 갖추어야 할 자세는 긍정적인 말하기를 하는 것이다. 이런 사람들은 첫인사에서부터 밝은 미소로 희망찬 아침을 혼자서 모두 열듯이 분위기를 조성한다. 대화를 하면서 누구와도 대립되지 않게 대화를 조절해나간다. 만약 상대가 어떠한 문제에 직면해 있다면 어떻게든 긍정적인 생각을 할 수 있도록 말을 할 것이다.

긍정적인 말을 하는 사람들은 상대의 마음을 먼저 헤아리고 상대방의 의견과 자신의 의견을 서로 나누려는 노력을 한다. 그리고 자신의 주장을 상대에게 억지로 각인시키려 하지 않는다. 아이들이 폭력적인 게임을 하면 행동도 변하듯이 우리는 평소 마음을 내려놓는 연습으로 긍정의 에너지를 습득해야 할 것이다. 긍정의 에너지는 많은 사람들에게 동기부여를 시킬 것이고 부정적인 사람도 설득시킬 것이다.

02

어려운 말도
쉽게 한다

　일상생활을 하면서 부럽다고 느끼는 사람들이 있다. 건강한 사람, 외모가 잘생긴 사람, 돈 많은 사람 등 내가 갖고 있지 않은 것을 가지고 있거나 나보다 능력이 뛰어나다고 생각하면 부러움을 느낀다. 그중 말 잘하는 사람의 능력은 부모님으로부터 상속 받은 것도 아니고 얼굴이 잘생기고 키가 큰 것과는 상관없다. 말을 하기 시작하는 시기도 비슷하고 금수저든 흙수저든 별 차이가 없다.

　같은 나라에서 태어나 시간이라는 똑같은 재료를 부여받았는데 어떤 사람은 말이 청산유수이고 누구는 그런 사람을 부러워하고 있는 것이다. 말 잘하는 사람 중에서도 어려운 말을 쉽게 하는 사람은 대단한 능력을 갖춘 것처럼 느껴진다.

나의 어린 시절 우리 가족을 예로 들면 아버지의 형제는 7남매였다. 어머니는 결혼을 하셔서 일찍 돌아가신 할머니의 몫까지 도맡아하셨다. 아버지 밑으로 6남매의 엄마 역할과 할아버지와 증조할머니 수발까지 들어야 했다. 예전에는 이런 가정들이 많았다. 결혼 후 아버지는 입대를 하셨고 어머니는 낯선 곳에서 이 상황을 헤쳐나가야 하셨다. 여성의 몸으로 집안일과 농사일까지 하시고 무엇보다 어린 시누이와 시동생들의 교육까지 고민하지 않을 수 없었다. 어머니는 누가 봐도 외모와 성격은 대장부이시고 말씀을 하실 때는 무조건 목소리는 크게 내셨다. 세상으로부터 딸린 가족들을 지켜야 한다는 몸부림이었던 것이다. 시장에서 말다툼이라도 하시면 나는 부끄럽기까지 할 정도였으니 싸움에서는 절대 지지 않는 분이셨다. 어느 날 나는 어머니의 처녀 시절 흑백사진을 보게 되었다. 허리 밑까지 내려오는 긴 생머리에 한복 차림이었다. 처음엔 누구인지 알아보지 못했다. 어머니께 여쭤보니 멋쩍어 하시면서 처녀 때 사진이라고 하신다. 그랬던 분이 시집와서 남편의 입대 후 대가족을 돌봐야 했던 것이다.

그런 환경 속에서 어머니는 생존 방식을 습득하신 것이고 그것은 목소리를 크게 하고 말로 이기는 길뿐이었던 것이다. 사진 속의 어머니는 다소곳했지만 그 당시 어머니는 처녀 때의 모습은 생각할 겨를이 없었다. 내가 어렸을 때 어머니는 처음 보는 사람과도 대화를 하면 모든 사람을 설득시키는 것을 보았다. 시골에서 도시로 나와 경제적 사정이 어려웠던 시절 지금처럼 교통도 좋지 않았을 때 추운 김장철 어머니는 시골에서 배추를 우리 집 앞 공터에 가득 쌓아놓고 1시간도 안되어 모두 팔았다. 배추를 가져와서 팔 것을 아버지에게 말씀드리니 아버지는 시골에서 대구까지 운송할 차도 없고 힘들다고 하셨다. 어머니는 알아서 할 테니 반대만 하지 말라고 하셨고 아침 일찍 집을 나서셨다. 그리고는 저녁때쯤 동네에 경운기 소리가 났고 어머니는 시골에 배추밭 주인을 구워삶아 경운기에 가득 싣고 대구까지 온 것이다. 요즘 생각하면 어떻게 그렇게 할 수 있을까 싶지만 그때 당시에는 경운기가 지금의 화물차 역할을 했으니 말만 잘하면 배추밭 주인은 큰맘 먹고 올 수도 있었던 것이다.

경운기가 동네 한복판에 소리를 내면서 들어오고 어머니는 환하게 웃으면서 동네 사람들과 인사를 나누었다. 어머니 말씀으로는 일부러 초저녁에 도착하도록 시간을 잡으셨다는 것이었다.

사람들이 퇴근할 무렵 초저녁에 산지 직송의 느낌으로 경운기에 배추를 가득 싣고 동네 한복판에 들어왔으니 동네 사람들에게는 자동으로 광고가 된 것이었다. 그때부터 어머니는 배추를 팔기 시작하셨는데 한 시간도 되지 않아 모두 팔았다. 한 시간 동안 동네가 소란했고 구입하지 못한 사람들은 또 언제 가져오냐고 물어보기까지 하였다. 집에 들어와서 돈을 정리하고 배추밭 주인에게 값을 지불하는데 엄청나게 좋아하시는

말재주는 없지만 할 말 다하는 사람들의 비밀

모습을 보았다. 배추밭 주인은 다음에는 힘들게 시골까지 버스 타고 오지 말고 전화만 하면 알아서 시간 맞추어 오겠다고 하시고는 경운기로 다시 돌아가셨다. 아버지께서 어머니께 대단하다는 말씀을 하셨다. 어떻게 그렇게 할 수 있었는지 어머니께 물어 보셨다. 어머니는 말만 잘하면 다 된다고 하셨다.

내가 어릴 때 우리 집에는 그 흔한 동화책도 없었다. 하지만 말은 잘해야 되겠다는 생각은 어릴 때부터 했었고 친구들 중 부자 집 아이들이 하는 말은 귀담아 들었다가 다른 친구들과 말할 때 써먹곤 했다. 사실 난 부모님의 생존 법칙으로 교육을 받았다고 해도 과언이 아니다.

배추밭 주인이 처음에 "경운기로 어떻게 대구까지 가느냐?"라고 부정적인 말을 했을 때 어머니는 "가봤어요?"라고 물어봤다고 했다. 한 번도 가보지 않은 배추밭 주인에게 그럼 이번에 한 번만 가 보자고 했고 배추의 양이 많아서 주인은 욕심이 났던 것이다. 고 정주영 회장이 평소 자주 하셨던 말이 생각난다. 그분은 어려운 일이 닥쳐와서 고민할 때 가차 없이 "해봤어?"를 말씀하셨다. "무슨 일을 시작하든지 된다는 확신 90%와 반드시 되게 할 수 있다는 자신감 10% 외에 안 될 수도 있다는 생각은 단 1%도 가지지 않는다." 이 말은 고 정주영 회장님의 말씀 중 항상 내 가슴에 품고 있는 말이다.

지금 생각하면 그때 먼 길을 어렵게 가셔서 배추밭 주인에게 대구까지 가자고 말씀하신 것이 어떻게 그렇게 했을까 싶다고 말씀하신다. 그런데 어머니는 어렵다고 생각하면 세상에 쉬운 게 하나도 없다고 하시면서 그냥 쉽게 말을 하고 결정은 그 주인이 하는 것이고 고민도 주인이 하는 것이기 때문에 흔히 하는 말로 밑져야 본전이라는 식으로 한 말이었다고 했다.

현대 사회의 우리는 상대방과의 대화나 영업에서 너무 어렵게 접근을 하고 말도 힘들게 하는 것 같다. 사람은 어쩔 수 없는 상황에서 자존심 무시하고 말을 해야 할 때도 있다. 이럴 때는 어려운 말을 쉽게 하는 것이 아니라 심리적인 부담 때문에 쉬운 말도 어렵게 하게 될 것이다. 말은 마음의 표현이기 때문에 아무리 숨기려 해도 상대방은 알아차리게 되어 있다. 심리적으로 불안정한 사람들이나 사람들에게 상처를 받은 경험이 있는 사람은 어디 가서 무슨 말을 할 때에 트라우마처럼 말문이 쉽게 열리지 않거나 상대가 말을 해도 대응을 하지 않는 경우가 있다.

사춘기의 아이들은 괜히 부모님의 말 한마디에 민감하게 반항을 한다. 나는 사춘기때 부모님이 바빠서서 얼굴을 마주치고 대화를 할 시간이 별로 없었다. 그래서인지 부모님께 반항을 한 기억이 별로 없는 것 같다. 부모님 입장에서는 가끔 대화를 할 때 하는 그 한 번의 반항이 더 충격이었을 수도 있었겠다는 생각이 든다. 나는 형과 누나가 있어서 우리 부

말재주는 없지만 할 말 다하는 사람들의 비밀

모님이 형, 누나를 교육시키시면서 적응이 되어 계실 거라는 생각도 했었다. 그런데 내가 지금 사춘기의 아이들과 대화를 해보면 속에서 용암이 끓어오를 때가 많다. 사춘기 아이들의 특성이 필요한 것이 있거나 좋아하는 것이 있으면 말도 잘하고 분위기도 좋은데 부모님이 시키는 것은 바로 하지 않는다. 물론 우리 아이는 잘한다는 부모님도 있겠지만 그것은 아이가 티내지 않고 참고 넘기는 것이다. 사춘기는 누구나 반항한다. 나는 사춘기 아들에게 할 말 있으면 마음속에 담아두지 말고 하라고 말한 적이 있다.

아들은 부모에게 말하는 것을 어려워하는 이유를 내게 말한 적이 있다. 그것도 눈물을 흘리면서 무슨 말을 한마디 하면 부모님은 일장 연설을 한다는 것이었다. 그래서 말을 될 수 있으면 하지 않는 것이라고 했다. 그래서 요즘은 내가 말을 좀 줄이고 들어주는 입장인데 이 또한 속에서 천불이 끓어오른다. 하지만 나는 사춘기를 이미 겪고 지나온 어른이다. 몇 년 만 지나면 아들도 사춘기 때 한 말과 행동을 알게 될 것이다.

친구들에게는 아무렇지 않게 하는 말이 부모님이나 어른들께는 왜 어렵게 느껴질까? 친구들은 말을 하다 실수해도 뭐라고 하지 않는데 부모님은 잘못된 순간 지적과 함께 본인이 한 말의 몇 배를 들어야 하니 심리적 부담이 큰 것이다. 실제로 말하기 전에 망설이는 것이 보이기도 한다.

어른들도 마찬가지이다. 어려운 말을 쉽게 하기 위해서는 심리적 부담을 덜어내야 하는 것이다. 말하기 전 벌써 상대의 반응을 생각한다든지 주위 사람의 시선을 생각할 필요가 없다. 그냥 쉽게 하고 상대의 반응에 답하면 되는 것이다. 사춘기 아들과의 마찰이 있느냐 없느냐는 아들이 어려워하는 말을 했을 때 내가 쉽게 받아주면 해결되는 것이었다.

　미국의 작가 제임스 서버는 글 쓰는 것을 이렇게 말했다.

"제대로 쓰려고 하지 말고, 무조건 써라."

대화를 할 때도 마찬가지다.

"제대로 말하려고 어려워 말고 그냥 말을 해라."
　- 장 작가

03

말과 함께
연기를 한다

말을 하면서 연기를 하라고 하는 것은 사람은 들은 것보다 본 것을 더 잘 기억하기 때문이다. 다른 말로 들으면서 보는 것도 함께한다면 더 오래 기억된다는 것이다. 또한 몸으로 표현을 하면 상대방의 경계심을 풀수 있는 좋은 방법이기도 하다. 연기라고 해서 유명 배우가하는 연기 대상 급의 기술이 아니고 뻣뻣한 자세와 굳은 표정으로 대화를 하거나 발표를 한다면 상대방은 몰입이 아니라 반대로 거부 반응을 보일 것이다.

나는 27년 이상 MC를 하면서 불특정 다수의 사람들이나 첫 만남을 주선하는 미팅 행사 또는 금방 친해질 것 같은데 왠지 어색한 분위기의 모임을 많이 보았다. 이것은 사람의 본성이 그대로 드러나는 것이라 보면 되는데 사람들은 처음에 경계 내지는 탐색하는 본성이 있다. 심리적 부분은 뒤에 다루기로 하고 TV 예능 프로그램에서도 자주 했던 '몸으로 말해요.'라는 게임이 있다. 이 게임은 대화 킬러를 완전히 없애버리기 좋은 프로그램이다. 말은 한마디도 하지 않고 소리나 몸짓만으로 문제를 푼다. 정해진 시간 안에 많이 맞히거나 빨리 맞히면 점수를 획득하는 게임이다. 게임을 하려는 것은 아니고 이 게임을 통해 대상들이 어떻게 바뀌는지 알아볼 수 있다. 처음에는 조금 어색해 하지만 시작하면 적극적으로 소리와 몸짓으로 연기를 하기 시작한다. 간혹 연기를 못하는 사람이 있는데 그런 사람은 본인이 답답해서 발을 동동 구른다. 어쨌든 게임이니까 끝은 있을 것이고 끝나고 나면 이기고 지는 것이 중요한 게 아니라 서로가 표현했던 그것이 무엇인지에 대해서 말하기 시작한다. 처음에 왠지 어색했던 그런 분위기는 온데간데없어졌다.

여기에서 보듯이 말을 하지 않고도 자기의 표현을 충분히 할 수가 있고 연기자처럼 감정 연기까지 잘한다면 더할 나위 없이 좋다. 부탁할 일이 있다면 상대방에게 그 절실함이 더 잘 전달될 것이다. 기쁜 일이 있다면 주위 사람들도 나의 모습을 보고 기쁨을 배로 느낄 것이다. 간혹 모임에서 대화 중에 오버 액션을 하는 사람이 있어서 꼴불견이라고 말하는 사람도 있지만 그런 사람의 첫인상은 오래 기억에 남는다. 침울하고 부정적으로 말하는 사람보다 오버 액션하는 사람이 훨씬 더 인정받는다.

말재주는 없지만 할 말 다하는 사람들의 비밀

말을 하지 않고도 자기의 표현을 충분히 할 수가 있다.

연기는 한 사람의 이미지라고 할 수 있다. 고인이 되신 이주일 선생님, 앙드레김 선생님을 떠올려보면 두 사람의 스타일이 확실히 기억나고 많은 개그맨들이 따라 할 정도이다. 이분들처럼 웃긴 연기 그리고 말을 할 때 앙드레김 선생님처럼 하라는 것이 아니다. 사람은 누구나 자기 스타일이 존재하는데 대부분의 사람들은 그 스타일을 발견하지 못해서 말을 할 때 연기를 하지 않는 것이다. 몸으로 말하는 것도 엄연히 언어이다. 바디랭귀지라고 하지 않는가. 영어 학원이나 학교에서 아이들이 원어민 선생님과 대화하는 것을 보면 바디랭귀지를 남발한다. 그렇지만 원어민 선생님은 대부분 알아듣고 대화를 한다. 그런데 바디랭귀지도 장난스럽게 하면 기분 나빠진다. 신중하지 않으면 말이나 연기 모두 문제가 될 수 있다.

말하는 사람이 연기자처럼 이야기 주제에 몰입하여 동작과 표정을 함께하면서 말을 한다면 상대는 말하는 사람의 진정성을 느끼고 더 신뢰를 할 것이다.우리는 친구들과 대화를 할 때는 부담이 없기 때문에 모든 연기가 자연스럽게 되지만 비즈니스와 연관되면 벌써 몸이 말을 듣지 않는다. 조금씩 준비해서 말하기 습관을 바꾸어나가면 된다. 먼저 말을 할 때 나의 얼굴 표정부터 연습을 하고 다음은 손동작, 그다음 전체 움직임 등의 순서로 매일 조금씩 나아지고 있는 나의 모습을 보면서 말하기 달인을 준비하는 것이다. 특히, 말재주가 뛰어나지 않다면 외모나 표정 관리

등의 시각적인 면을 더 준비할 필요가 있다.

지금의 스타 강사들을 보면 예전처럼 칠판에 글 쓰면서 강연하는 사람은 없다. 최근에는 PPT 조차도 사용하지 않는 강사들이 있다. 귀찮아서가 아니라 더 많은 것을 보여주기 위함이라 생각한다. PPT로 정리를 잘해서 강연을 해도 시각적으로 좋지만 관객과의 더 많은 소통을 위해서 없이 하는 것도 좋은 방법이다. 만약 PPT가 없다면 강연자가 말도 더 많이 하고 움직임도 많아질 것이고 관객의 집중은 오롯이 강연자에게 가 있을 것이다.

법륜스님은 '즉문즉설'로 많은 사람들에게 현장에서 깨달음을 얻을 수 있게 한다. 김미경, 김창옥 강사는 본인들만의 스타일로 강연을 하면서 대중들과 소통한다. 이 두 분의 스타일은 강연자이지만 무대를 MC처럼 말과 액션으로 관객과 공감대 형성을 많이 한다. 나는 〈우문현답〉이라는 프로그램으로 강연을 한다. 〈우문현답〉은 말재주가 없는 대중들이 어설프게 질문을 해도 말하는 직업의 내가 잘 알아듣고 해법을 알려주는 방식이다. 관객과 소통하는 프로그램이라고 할 수 있다. 김창옥 강사나 김미경 강사는 각자의 전공 분야가 있지만 무대에서는 연기자처럼 관객과 함께 본인들의 경험을 전달하면서 객석에 있는 사람들이 마치 자기 일인 양 느낌을 받게 한다. 확실한 공감대 형성이다.

나는 예전의 강연들이 딱딱하고 재미가 없어 강연은 내 스타일이 아니라고 생각했다. 하지만 강연을 다시 생각하게 된 계기가 있다. 앞에서 이야기한 교보생명에서 여성 99% 참가자를 대상으로 한 강연을 예로 들면 '어려운 상황에서 YES를 받아내는 법'에 관한 주제였다. MC는 청중의 반응에 상당히 민감하다. 그리고 분위기를 자꾸 업 시키려고 한다. 강연에서는 그러면 안 된다는 것을 잘 알고 있었기 때문에 나는 강연할 때는 감정을 많이 누르는 편이다. 줄거리는 아내가 호주에서 출산한 이야기. 일단 내용에서는 싱크로 100%였다. 나의 경험이기 때문에 그대로만 이야기해도 자연스러운 연기가 된 것이다. 당연히 강연은 잘 끝났고 강연 후에도 뒷이야기를 듣고 싶어 하는 사람들이 있었다. 이렇게 이야기는 주제 설정이 잘 되어야 되고 내가 경험한 것은 더할 나위 없이 좋고 만약 어딘가에서 들었던 이야기면 연기를 하면 되는 것이다.

우리가 누구를 만나 대화를 하고 어딘가에서 발표를 할 때 외모에도 신경을 써야 한다. 면접에 티셔츠를 입고 갈 수는 없지 않은가. 스티브 잡스는 항상 면 티에 청바지를 입고 강연을 했었다. 그건 스티브 잡스의 트레이드 마크이기에 가능한 것이다. 우리는 절대 그러면 안 된다.

또 하나는 감정이다. 나는 평소 감정을 억누르고 살고 있다는 생각이 든다.

20대에 나는 원로 배우 신충식 선생님이 운영하던 연기 학원을 다닌

적이 있다. 초급반에서는 워킹부터 지도를 하는데 시간이 지날수록 연기 수업의 난이도가 점점 올라간다. 드디어 연기의 꽃 눈물 연기 수업이 있는 날, 나는 살아오면서 경험한 슬픈 사연과 앞으로 있을 슬픈 일들을 떠올리며 연기에 몰입했지만 결국 눈물은 실패했다. 연기는 아무나 하는 것이 아니었다. 그래서 우리는 말을 할 때 연기자처럼 하는 것이 아니고 내가 할 말에 감정을 싣고 적당한 액션을 취하는 연기를 하는 것이다.

말과 함께 연기를 하라는 것은 누군가를 만나서 대화를 할 때가 나의 첫인상이 결정되는 순간이기 때문이다. 연구에 의하면 사람이 본 것과 들은 것 중 신뢰도는 단연 본 것이다. 그중 우리의 외모와 행동이 절반을 차지하고 그 다음이 목소리이다. 이 두 가지만으로 첫인상의 90%가 결정된다.

내가 누군가를 처음 만났을 때 행동과 자세가 얼마나 중요한지 여기서 알 수 있다. 사람을 한 번 만나고 그 사람과 무슨 대화를 했는지 기억하는 경우는 거의 없다. 말재주가 없어도 말을 잘할 수 있는 이유는 바로 그 90%를 여러분도 가지고 있기 때문이다. 이것도 안 된다면 연기하라. 꾸며라. 말의 내용은 상대방에게 양보하고 나는 그 순간만 연기자가 되어서 좋은 인상을 남겨 주어라. 그러면 당신은 말 잘하는 사람이 되어 있을 것이다.

04

본론으로 들어가는 데
익숙하다

우리가 대화를 하다가 보면 주제는 정해져 있는데 주위만 맴돌고 본론으로 들어가지 못하는 경우를 볼 때가 있다. 이런 경우는 대화의 주제가 무겁거나 상대의 생각을 파악하는 중이라고 볼 수 있다. 둘 다 아닌 경우 대화의 갈피를 못 잡고 있는 경우이다. 회의 때도 회의를 주관하는 사람이 꼭 있어야 한다. 그렇지 않으면 난상 토론처럼 되어버리기 때문이다. 그래서 대화의 본론으로 들어가기 위해서는 그 대화를 주도하는 사람이 있어야 하고 조절을 잘 해나가야 한다.

말을 시작할 때에도 다양한 스타일의 사람들이 있다. 처음부터 화제를 다른 곳으로 돌려 분위기를 파악한 다음 조금씩 본론으로 접근하는 사람

말재주는 없지만 할 말 다하는 사람들의 비밀

이 있다. 이런 사람들은 미리 많은 시간 본론에 대해 고민했을 수 있다. 기술적으로 본론을 말하기 위하여 상대방의 마음을 여는 작업을 할 수도 있고 본론의 내용이 가볍지 않은 탓에 주위만 빙빙 도는 경우일 수도 있다. 이럴 땐 내가 딱 짚어서 들어간다면 그 대화의 주도권은 내가 가질 수가 있다.

지금은 전 세계가 코로나19의 영향으로 힘든 시기를 보내고 있다. 봄이 되면 전국 각지에서 상춘객을 위한 행사가 열리는데 우리는 그런 무대에서 열심히 일하고 있어야 할 시기이다. 상황이 그렇지 못하니 많은 관련 업계 사람들이 힘들어 하고 있고 심지어는 파산에 이르는 사람도 있다. 해마다 이런 바이러스성 질환들은 유행을 했다. 메르스, 사스, 구제역, AI 등….

이러한 질환들이 유행할 때마다 많은 사람들이 어려움에 처했었고 나는 앞으로도 점점 더 나쁜 바이러스가 우리를 힘들게 할 거란 걸 예상했었다. 나는 지인들과 돈거래를 하지 않기로 유명하다. 그때도 아마 이런 질병이 전국에 번져나가고 있을 때 행사들이 취소가 되고 기획사들은 폐업을 하는 상황이었다.

평소 알고 지내던 지인으로부터 전화가 왔다. 개인적으로 통화는 잘 하지 않지만 현장에서 만나면 친하게 대화하는 그런 사람이라 반갑게 받았다. 그 당시 힘든 상황이라 서로 안부도 전하고 이런저런 대화를 하던 중 나는 상대가 말을 자꾸 돌린다는 느낌을 받았다. 그래서 이제 용건을 말하라고 했다. 그러자 본인의 처지를 말하면서 돈을 빌려 달라는 것이었다.

당시, 지방에서 힘들어 서울로 가서 뭔가를 해봐야겠다고 했다. 나는 그 사람에게 "나는 아무리 친한 사이라도 돈거래를 하지 않는다. 이 말은 못들은 걸로 하겠다."라고 말했다. 그리고 어렵게 전화했을 텐데 미안하다고 말했다. 상대도 내 마음을 알고 통화는 끝이 났다. 그 후 그 사람은 서울 생활을 조금 하다가 다시 지방으로 왔고 가끔 내가 일을 하고 있는 곳에 지원도 나왔다.

내가 만약 그때 그 사람과의 통화에서 본론으로 먼저 들어가지 않고 그 사람의 전후 사정을 모두 듣고 있었다면 거절하기가 힘들었을 것이다. 대화를 할 때 상대방이 머뭇거린다는 느낌은 누구나 받을 수 있다. 본론으로 먼저 들어간다고 해서 나쁜 것이 아니다. 이렇게 망설이고 있는 상대에게는 고마운 일이고 문제를 빨리 해결할 수 있는 방법이다.

말은 타이밍이다. 우리가 친한 사람들과 대화를 할 때 친하기 때문에 그 사람이 하는 말에 잘못된 부분을 지적해도 되겠지라고 착각을 하고 시작부터 지적하는 사람이 있다. 그러면 상대는 앞에서는 친분이 있어 아무 반응이 없거나 괜찮다고 하면서 마음은 불편한 감정을 가진다.

말재주는 없지만 할 말 다하는 사람들의 비밀

큰 실수 중에 하나가 '내가 너니까 말해주는데.', '내가 아니면 말 해주는 사람 없을 거야.'라는 식의 말들이다. 만약 상대가 실수를 하거나 잘못된 말을 하면 조금 참았다가 본론에서 스스로 느끼게 하면 되고 그렇지 않으면 본론에 들어가서 지적을 해야지 마음의 상처를 남기지 않는다.

본론에서도 상대의 입장을 지적했다면 반드시 수정안이나 해결책을 내놓아야 한다.

해결방안이나 수정 책도 내놓지 않고 지적만 한다면 상대는 인정하지 않을 것이다. 당신은 좋은 의미에서 지적한 부분을 상대방은 다르게 받아들일 수가 있다. 그래서 친한 사람들과의 대화에서나 회의 중 상대가 '너 오늘 왜 그러냐?'라고 하면 타이밍과 방법을 점검해봐야 한다. 만약 당신이 대화의 본론으로 들어가서 말을 하다가 상대의 잘못을 지적하고 해결책까지 제시한다면 상대는 당신을 더 신뢰하고 따르게 될 것이다.

처음부터 본론을 말하는 사람이 있다. 이런 사람들은 무언가를 따지거나 급한 성격의 소유자일 확률이 높다. 대화를 할 때 시작을 어떻게 했는지가 중요하다. 말은 상대와의 소통을 목적으로 하기 때문이다. 만약 누군가가 당신에게 말을 하면서 본론부터 말한다면 당신은 당연히 당황할 것이다. 대화는 준비되어 있을 때 하는 것이기 때문이다. 나는 진행을 할 때 본론부터 말하는 경우가 많다. 현장 분위기가 많이 딱딱하거나 가라

앉아 있는 상황에서는 행사가 끝날 때까지 참석자 전원이 긴장해 있을 수가 있다. 누구나 같은 마음을 느끼고 있는 상황에서 내가 그 부분을 툭 건드려준다면 전체 분위기가 전환되기 때문이다.

나는 27년 이상을 대기업과 지자체 등의 행사를 진행해왔다. 그래서 세상에 존재하는 다양한 스타일의 사람들을 만나서 말을 했다. 무대에서 진행을 하다 보면 다양한 경험을 접할 수 있는데 관객석 상황은 항상 주시하고 있기 때문에 아무리 많은 사람이 있어도 나는 전체를 한 명으로 보고 말을 한다. 하지만 무대 뒤에 대기하는 사람은 내가 통제하기가 어려울 때가 있다. 지자체마다 출연진들의 자세나 마인드가 조금씩 다른 경우가 있다. 지역에서 영향력이 있는 단체는 막무가내식의 무대 점령이 이루어질 때가 있다. 이런 경우 스태프들이나 감독이 막는다고 해서 정리될 일이 아니다. 그럴 때 나는 관객의 힘을 이용한다. 마이크가 내 손에 있는 한 나는 모든 상황을 정리할 수 있다. 대부분의 무대는 리허설 시간이 정해져 있다. 그래서 시간을 맞추어 와야 하고 아닌 경우는 정해진 시간 안에 마무리를 해야 한다.

간혹 영향력 있는 단체는 현장에서 자신들의 세력을 과시하듯이 막무가내식으로 하는 경우가 있다. 미리 와서 순서대로 리허설 하는 팀이 있는데 자신들이 먼저 하려고 한다거나 늦게 와서 시작 시간까지 마무리 못 하는 경우가 있다. 단체의 리더는 나에게 와서 막무가내식 무대를 사용하겠다고 한다. 이럴 때는 안 된다는 말보다 다른 쪽으로 방향 전환을 먼저 해야 한다.

상대방과 대화를 할 때처럼 모든 행사도 기승전결이 있다. 말하자면 지금 상황은 본론으로 들어가야 하는 상황이다. 나는 엄청나게 많은 사람들을 만나고 인터뷰하였기 때문에 얼굴만 봐도 상대의 성격이나 어떻게 말을 해야 할지 바로 보인다. 단체의 책임자들도 스타일이 모두 다르다. 아무리 힘 있는 사람도 무대를 계속 사용할 수 있는 상황은 아니고 무대감독은 내가 정리해줬으면 할 것이다. 방송은 시간 되면 그대로 녹화를 하지만 현장은 특별한 경우에는 시간 조절을 할 때가 있다. 이럴 때는 난 그 단체 대표에게 시간이 부족해서 못 한 부분이 좀 아쉽지만 대신 본 공연에서 단체를 좀 더 정리해서 소개하겠다고 하면 정리가 된다.

사람이 기분 나쁜 것 중 하나가 내 차례 앞에서 뭐든 종료되는 것과 그것에 대한 보상이 없는 게 화가 날 때도 있다. 내가 무대에서 리허설을 하다가 시간이 되어 본 공연으로 들어갈 때 주변 상황을 완벽하게 정리를 하고 하듯이 말하기에서도 본론으로 들어가는 데 익숙해져야 한다.

상대를 만나자마자 본론부터 말하는 사람은 급하거나 따지려 들 때라고 말했다. 일반적으로는 잡담을 하다가 본론으로 들어가는 경우가 대부분이다. 방송 프로그램도 오프닝에서는 날씨나 사회 이슈로 분위기 집중을 한 다음 주제로 들어간다. 간혹 본론으로 들어가지 못하고 그 주위에서만 맴도는 경우도 있는데 이런 사람은 상대로부터 '그래서 본론이 무엇이냐?'라는 말을 듣게 된다. 순간 대화의 주도권은 상대방이 가져가는 것이고 끝까지 끌려가야 된다. 우리가 대화를 하거나 발표를 할 때 본론으로 들어가는 데 익숙해져야 주도권을 내가 가지게 된다.

말재주는 없지만 할 말 다하는 사람들의 비밀

05

단어 선정에
주의한다

인간은 대화를 할 때 자기만의 말하기 스타일을 고집한다. 고집이라기보다는 습관이다. 이것은 주변 사람들의 영향도 많이 받는다. 어떤 사람은 대화로 방법을 찾고 의견을 묻는가 하면 어떤 사람은 말만 하면 갈등을 조장하고 자신의 불만만 털어놓는다. 두 사람을 놓고 봤을 때 자신의 주장을 말하는 것은 같다고 할 수 있지만 받아들이는 입장에서는 대화하고 싶은 사람과 피하고 싶은 사람으로 나눠진다. 이것은 같은 말을 해도 말하는 방법과 사용하는 단어에서 오해가 생길 수 있다.

나는 예전에 말을 할 때 "또"라는 단어를 말을 시작할 때 잘 붙여 썼다. '또 그랬어?' '또 봐라.' 나는 이런 식의 의미 없는 말을 습관적으로 붙여 사용한 것이다. 이 한 단어 때문에 오해를 받은 적이 있었다.

평소 잘 아는 식당의 주인 부부 이야기이다. 평소 대화도 편하게 하고 농담도 잘하는 관계였다. 어느 날 내가 갔을 때 부부가 말다툼을 하고 있었다. 나는 지켜보다가 분위기를 바꾸기 위해 둘 사이를 말렸고 농담 삼아 내가 심판할 테니 스토리를 말해보라고 했다. 그러자 부인이 말을 하기 시작했고 그 말을 듣고 있던 남편은 부끄럽다는 듯이 미소를 띠고 있었다. 그래서 나는 곧 풀리겠다 싶어 이야기를 듣던 중 일이 터지고 말았다. 부인이 어제 오랜만에 친구들과 모임을 하고 늦게 귀가를 했다는 것이다. 그 순간 나는 습관처럼 웃으면서 "또' 늦게 들어갔어요."라고 말해버리고 말았다. 그런데 그 순간, 사장님의 아내가 나를 처음 보는 사람처럼 낯설게 바라본 후 쏘아붙이기 시작했다. 내가 말한 '또'라는 단어에 화가 난 것이었다.

남편은 아무렇지도 않은 듯했으나 그 부인은 내가 본인을 매일 늦게 들어오는 상습범으로 만들었다는 것이었다. 그래서 나는 설명을 하였고 그래도 화가 가라앉지 않은 가게 주인은 눈물까지 보였다. 나는 밥 먹으러 갔다가 날벼락을 맞았다. 다투던 남편이 말려서 상황은 정리가 되었지만 나는 엄청나게 당황했다. 그 후로 자연스럽게 부부 싸움도 정리가 되었다. 결과적으로 그날 해결사는 나인데 나는 단어 하나 때문에 욕을 먹고 그 부부는 문제가 해결이 되어버린 그런 상황이었다.

말재주는 없지만 할 말 다하는 사람들의 비밀

그 후에도 난 그 식당을 이용했지만 사장님의 부인을 볼 때 마다 '또'라는 단어가 생각났고 그 여사장님은 나에게 농담처럼 언제 또 자신이 늦게 들어오는 것을 본 적 있냐고 물어 보기도 했다.

누구나 말실수를 할 때가 있다. 그 실수가 어디서 어떻게 하느냐에 따라 상황은 완전히 달라진다. 나는 그 후로 절대 '또'라는 단어를 말 앞에 붙이지 않는다. 20년도 더 된 이야기인데 얼마나 그날이 충격이었으면 지금도 기억이 생생하다. 사람들은 자신이 사용하는 언어에 어떤 습관이 있는지 확인할 필요가 있다. 확인이라기보다 점검을 한다고 하는 것이 맞다.

제임스 클리어가 쓴 『아주 작은 습관의 힘』에서는 "습관의 긍정적인 측면은 일부러 생각하지 않고 어떤 일을 할 수 있게 해준다는 것이다. 부정적인 측면은 작은 실수들에 주의를 기울이지 않게 된다는 것이다."라고 했다.

말하기의 습관은 긍정적인 면보다 부정적인 면의 습관들이 더 많다. 사람들은 상대방이 하는 말에서 긍정적인 말은 공감을 하고 넘어가지만 부정적인 말은 가시처럼 들려서 그 말 한마디로 상대를 평가할 수도 내가 평가 받을 수도 있다. 나 또한 다른 사람의 말 습관으로 상처받거나 원망을 할 때가 있다. 말을 할 때 전체 문장이 아니라 어떤 단어 하나 때문에 문제가 되는 경우는 말하는 상대가 어떤 의미로 한 말인지를 먼저 생각하고 그 사람을 원망을 하던지 해야 할 것이다. 만약 내가 그렇게 말을 하고 상대가 기분 나쁘다는 것을 표현하면 당장 사과하고 짧게 이해를 시키고 넘어가야 시간이 지나서 문제가 생기지 않는다.

아이들은 부모님이 어떤 것을 하라고 시키면 '네.'라고 대답을 잘한다. 혹은 '알았어요.'라고 대답한다. 이제 중학생인 딸은 내가 무언가를 시키면 대답부터 한다. 특히 학교 다녀온 후 가방을 아무렇게나 두는 것을 보고 잘 정리하라고 하면 대답은 잘한다. 시간이 지나도 책가방은 그 자리에 있다. 한 번 더 정리하라고 하면 '네.'라고 또 대답을 한다. 내 딸이라도 이해가 되질 않는다. 그래서 요즘은 나도 단어를 하나 더 붙인다. '당장' 하라고 한다. 처음에 내가 말 했을 때 '네. 알겠습니다. 이것만 잠깐하고 정리 잘 해놓겠습니다.'라고 말하면 정리를 하지 않더라도 나는 아무 말하지 않았을 텐데 처음에 대답은 긍정적으로 했지만 결국 야단맞을 상황이 된 것이다.

말은 마음을 표현하는 습관이다. 말 습관이 행동의 습관으로 이어진다. 습관은 한가지 동작을 긴 시간 동안 하는 것이 아니라 짧은 시간이라도 반복적으로 실행하는 데서 온다고 했다. 가방을 정리하지 않는 아이가 다른 게 정리될 리가 없다. 그래서 나는 가방만 정리하라고 시켰다.

말재주는 없지만 할 말 다하는 사람들의 비밀

아무리 바빠도 가방만 정리하자라는 말을 자주했다. 그러자 한 가지만 하면 된다는 생각을 했는지 이제 가방은 항상 제자리에 있다. 시간이 지난 후 책상도 가방처럼 정리되면 좋겠다고 했더니 어느 순간 깨끗한 책상이 유지되었다. 이제는 사용한 물건을 정리하는 습관이 생긴 것 같다.

어른들은 아이들에게 시킨 일들이 제대로 되어 있지 않으면 잔소리를 하거나 야단을 친다. 그래서 변하는 것은 부모 자식간에 분위기만 나빠진다. 말을 하기 전에 단어 한두 개만 잘 선정을 하여도 습관이 되면 상대의 행동도 바꿀 수가 있다. 우리가 말을 할 때 조심하여야 할 단어들이 많다. 나도 아직 정리는 해보지 않았지만 시간이 날 때 들으면 기분 좋은 단어와 듣는 순간 기분이 나빠지는 단어를 써보아야 되겠다. 특히, 외국에서는 인종차별적인 말을 하는 경우가 많다. 나는 호주에서 운전면허증을 취득할 때와 부동산에 갔을 때 인종차별을 직접 받아 보았다. 운전 면허증을 취득하기 위해서 호주는 RTA라는 곳에 가야 한다. 우리나라 운전 면허 시험장 같은 곳인데 행정 업무만 본다. 서류 작성을 하는데 들어갈 때부터 여자 직원 둘이서 한국인 왔다며 둘이서 눈짓을 하였다. 서류를 준비해서 창구에 넣었더니 두 차례나 다시 써오라고 해서 제출했더니 또 다시 써오라고 했다. 나는 잘 하지 못하는 영어였지만 결정적인 한마디로 모든 것을 정리했다. '내가 여기 들어올 때 너희 둘이 한국인이라고 웃으면서 말하는 것을 보았다. 인종차별로 지금 당장 고발하겠다.'라고 하고 서류를 찢어버렸다. 나는 실제로 기분이 나빴고 그렇게 하고 난 후 직원의 반응은 극친절모드로 변해서 모든 게 정리되었던 적이 있다.

한 번은 호주 생활을 정리하고 한국으로 들어올 때 살던 집은 부동산에서 나와서 검사를 한다. 그래서 수리할 곳은 보증금에서 차감을 한다.

현지 부동산 LJ후커라는 곳에서 직원 둘이 나와서 집안 이곳저곳을 보며 체크하기 시작했다. 괜히 수리비를 청구하기 위한 트집을 잡기 시작했고 그 당시 영어가 좀 되었기 때문에 나는 아내와 함께 따지기 시작했다. 하지만 아무리 영어를 한다 해도 네이티브 입장에서는 그저 초등학생 수준의 말하기로 들렸을 것이다. 그래서 직원들은 말도 일부러 더 빨리하고 네이티브들만 사용하는 단어(슬랭)를 많이 사용하면서 말을 했다. "잠시 기다려."라고 말하고 앞집에 보니와 트로이 부부를 불러왔다. 그때부터 상황은 정리되기 시작했다. 보니는 말을 할 때 근거를 제시하면서 차분하게 따졌고 남편 트로이는 싸울 듯이 쏘아붙였다.

사람 사는 곳은 누가 말하느냐에 따라 상황이 달라지는 것이다. 사실 이날은 트로이의 한마디가 결정적이었던 것 같다. 트로이의 형은 부동산 있는 동네에서 알아주는 주먹이었다. 그때 두 직원에게 트로이가 그 사람 아느냐고 물어봤을 때 직원들은 당연히 안다고 하였다. 트로이는 본인의 친형이라고 말을 했고 직원들은 똑같이 생겼다고 말하면서 분

말재주는 없지만 할 말 다하는 사람들의 비밀

위기는 급전환되었다. 사실 부동산 직원들은 없는 트집을 잡았던 거였기 때문에 일이 커지면 좋지 않을 거라는 생각을 했던 것이다. 여기서 보니가 마지막 한마디를 했다. 내일 우리 부부와 보니 부부 그리고 트로이의 형님과 함께 부동산으로 찾아가겠다고 한 것이었다. 직원들은 당황해하면서 그러지 않아도 된다면서 서류를 정리해버렸다.

사람 사는 곳 어디를 가도 말 한마디로 궁지에 몰릴 수도 있고 위기에서 탈출할 수도 있다. 특히, 말을 할 때 내가 사용하는 단어에 따라서 어떤 프로젝트를 계약할 수도 그 반대일 수도 있는 것이다. 나는 책을 쓰면서 내가 오랜 세월 말하는 직업을 하고 있지만 내가 사용하는 단어가 같은 의미지만 좋은 것이 있고 좋지 않은 것이 있다는 생각을 못했었는데 오늘 한번 써보아야겠다.

06

말의 빠르기와 목소리를
조절한다

　말의 빠르기와 목소리 조절이 안 되면 말재주가 좋아도 말을 잘할 수 없다.

　나는 27년 동안 마이크를 잡고 대중들과 소통하는 직업을 하고 있다. 이 분야에도 자기만의 스타일이 있고 전문적인 분야가 어느 정도 나눠진다. 나는 중저음의 보이스를 가지고 있기 때문에 공식 의전 행사, 음악회, 지역 축제, 라디오 방송, 음악 DJ 같은 분야에서 많이 활동을 한다. MC가 목소리가 좋으면 설 자리가 상당히 많다. 재능은 노력하면 만들어질 수 있는데 목소리는 타고난 목소리가 있다. 음악회나 의전 행사를 허스키 보이스나 하이톤의 보이스가 진행을 한다면 참석자들 귀에는 상당히 거슬리게 들릴 것이다. 실제로 재능이 있는 사람들은 자신의 목소리 때문에 몇몇 분야의 행사를 하지 못해서 아쉬워하는 사람들도 있다.

목소리가 좋은 사람들이 너무 소리를 지르거나 관리를 잘못해서 성대 결절이 생겨 고생하는 경우도 많이 보았고 목소리가 완전히 바뀌는 경우도 보았다. 나도 예전에 너무 무리하게 진행을 해서 성대 결절을 경험한 적이 있다. 일교차가 큰 봄날 야외에서 하루 7시간 진행을 하고 난 후 목이 잠겼는데 그 다음날도 그렇게 해야 하는 상황에서는 방법이 없다. 캔디도 먹고 물도 많이 마시지만 큰 일교차 때문에 신체 리듬이 무너지면 목에서 제일 먼저 반응을 한다. 지금은 장시간을 진행할 일이 없지만 초창기에는 무대를 사로잡으려는 열정과 부족한 경험들이 결합되어 소리를 지르게 되니 버틸 수가 없었다. 아무리 발성 연습을 해도 힘 조절을 못하면 목소리는 나빠지게 된다. 스피치 관련 서적을 보면 발성이나 발음 자료를 많이 기록해 있지만 일반인들은 활용하기가 힘들다. 일반적인 것이 복식 호흡과 두성을 사용한다는 것인데 이건 성악가들이나 하는 것이지 말하는 사람이 언제 어깨 펴고 아랫배 힘주고 턱 당겨서 발성 연습을 하고 있는가.

나도 처음에는 복식 호흡에 두성을 이용하는 연습을 많이 했었다. 그렇게 하면서도 좀 더 쉽고 편한 방법이 없을까 생각을 했는데 내 목소리는 특별히 발성 연습할 필요가 없었다. 아버지께서 재산은 못 물려주셔도 목소리는 기가 막힌 걸로 주셔서 난 그냥 힘 빼고 말하면 되는 것을 힘쓰면서 말을 하니까 문제였던 것이다. 타고난 목소리가 좋지 않은 사람들은 발성 연습으로 좋은 목소리를 만들어야 한다. 그리고 나는 대구에서 나고 자랐기 때문에 사투리가 문제였다. 시나리오를 읽을 때는 그나마 괜찮은데 대화를 하면 사투리가 튀어나오니 억지로 고치려고 하다 보면 이상한 자기만의 어조가 생겨버린다. 그것 때문에 고민을 하던 때가 있었는데 TV에 강호동 씨가 출연하면서 사투리는 고민할 필요가 없어졌다. 일부러 사투리를 사용하지 않으려고 하면 더 어색하게 들리고 또 너무 많이 사용하면 다른 사람들이 알아듣기 힘들기 때문에 대화라 생각하고 모두가 알아들을 수 있으면 된다. 예전에는 방송에 프리랜서도 사투리를 사용하면 출연을 하지 못했었다. 사투리가 문제가 아니라 말의 빠르기가 걸림돌이 될 수 있다. 표준말을 사용하는 사람보다 사투리를 사용하는 사람들이 말이 더 빠르게 느껴지고 실제로 그런 경우도 있다. 또한, 방송에서 말할 때는 규칙적인 리듬으로 말을 하는데 현장 MC들은 말이 대부분 빠르다.

방송은 작가의 시나리오를 기본으로 해서 진행되기 때문에 중간에 광고나 음악을 소개해야 하는 시간도 체크가 되어 있고 말하는 시간도 나와 있어서 지켜가면서 해야 한다. 하지만 현장에서는 많은 변수들이 있고 시나리오를 써준다 하더라도 시나리오와 완전 다른 방향으로 전개되는 경우도 많다. 그럴 때 MC의 역량이 발휘되는 것이다. 방송 MC도 평

말재주는 없지만 할 말 다하는 사람들의 비밀

소 작가의 시나리오를 벗어난 멘트를 하던 사람들은 현장 적응을 하지만 그렇지 않은 경우는 현장에서 무슨 일이 발생하거나 프로그램 사이 공백이 생기면 당황하는 경우를 많이 보았다. 반대로 현장에서는 정리도 잘하고 프로그램 운영을 잘하는 MC가 방송에 참여를 하면 작가가 써준 대본대로 녹화해야 되기 때문에 적응을 못하는 경우도 많이 보았다. 나는 딱 중간을 추구하고 싶다. 방송에서도 현장감 있게 진행을 하고 현장에서도 방송처럼 할 수 있는 MC가 적당하다고 생각한다.

작가가 써준 시나리오지만 중간에 본인의 생각을 티나지 않게 넣을 수 있고 현장 상황에 맞추어 시간이 없을 땐 시나리오의 일정 부분을 삭제할 수도 있는 능력이 필요하다. 평소 시나리오 없는 행사를 하는 MC에게 시나리오를 주면 부담을 많이 가진다. 다른 사람이 써준 시나리오는 나에게 맞게 리딩 하면서 수정을 하여야 한다. 반복되는 단어나 쉼표는 특히 말을 해보면 평소 사용하지 않던 단어이면 어색하기 때문이다. 제일 부담을 갖는 것이 끊어 읽기, 내지는 쉼표 구간이다. 책을 읽을 때는 아무렇게나 읽어나가면 되지만 작가가 써준 시나리오는 말로 만들어야 하기 때문에 사전 리딩 하면서 본인 호흡에 맞게 끊어 읽기 체크는 무조건 하여야 한다.

내가 처음 마이크를 잡았던 20대 초반에는 현장 MC들에게는 시나리오가 없었다. 만약 가요제를 한다면 참가자 순서와 중간에 공연을 할 출연진 이름 정도가 전부였다.

시나리오는 진행하는 MC 머릿속에서 나오는 것이었다. 그러다 보니 집중을 하지 않고 진행을 하면 엉뚱한 말도 나오게 되고 분위기 좋아지면 자기 통제가 되지 않아 시간 조절을 못하는 경우도 많았다. 그러다 단체나 기업에서 하던 공식 행사를 MC들에게 맡기게 되었고 그 분야는 진행을 하는 사람이 몇 명으로 정해져 있었다. 시나리오 없이 하던 것을 시나리오에 맞춘다는 것이 쉽지는 않았기 때문에 '의전 MC'라고 해서 특화된 분야이기도 했었다. 이 분야는 방송 아나운서가 하더라도 잘 못하는 경우가 많았고 현장 전체를 보는 눈과 시나리오를 어색하지 않게 읽고 중저음의 보이스를 갖고 있는 사람들이 하게 되었다.

의전 행사를 진행하면 일반적인 행사 진행보다 인지도가 좋았다. 20대 중반을 넘기면서 나도 언젠가 의전 진행을 하여야겠다는 생각을 했다. 제일 문제가 사투리와 억양의 문제를 극복했어야 했는데 아무리 노력해도 사투리와 억양은 고쳐지지가 않았다. 그래서 완벽보다는 비슷함을 추구했고 목소리는 누가 뭐라 해도 아버지께서 물려주신 백만 불짜리라서 자신 있었다. 나는 무슨 일이든 '어렵다고 생각하면 어려워지는 것이고 쉽다고 생각하면 편하게 다가온다'고 생각을 하는 사람이다. 그때 당시 KBS 이계진 아나운서가 쓴 『아나운서되기』와 김상준 아나운서가 쓴 『방

말재주는 없지만 할 말 다하는 사람들의 비밀

송언어연구』라는 두 권의 책으로 도전했다. 어려웠다. 이 책은 내가 볼 것이 아니라 아나운서 준비생들의 필독서이겠다는 생각이었다. 내가 왜 이 책을 샀느냐면 그 당시 저 두 분이 우리나라 최고의 아나운서였기 때문이다. 그때 내가 느낀 이 책들은 그냥 사전, 옥편 같은 존재였다. 몇 가지 따라한 건 있지만 방에 앉아 백날 볼펜 물고 말을 해도 무대에 오르면 발음이 되지 않는 것은 경험에서 오는 것이었다. 이론만 습득을 하고 조금씩 접목시켜나갔다. 단정하고 딱딱한 분위기의 의전 진행을 하다가 갑자기 활발한 모습으로 가요제를 진행하는 것은 맞지 않았다. 그래서 나는 중간점을 찾기 시작했고 결국 내 스타일이 만들어졌다.

발성은 목소리와도 관련이 있기 때문에 매일 조금씩 한다면 좋은 목소리를 낼 수가 있다. 굳이 책이 아니어도 발성과 호흡을 배울 곳은 이제 너무 많다. 말을 함에 있어 목소리와 발음만큼 중요한 것이 호흡이다. 제일 중요하다고 할 수 있다. 끊어 읽기도 결국은 호흡이고 호흡을 너무 짧게 하면 결국 어색한 말하기가 된다. 그래서 긴장을 하거나 떨게 되면 호흡이 가팔라지고 말하기가 힘들어지는 것이다. 발표와 진행의 기술적인 부분은 몇 번 배우지 않으면 누구나 할 수 있지만 결국 자신이 갖추어야 할 기본은 노력에 의해서 그리고 작은 습관에 의해서 만들어진다. 말의 빠르기는 조절 가능하다. 이것은 습관이기도 하지만 감정 조절도 중요하다. 긴장을 하게 되면 말도 빨라지고 표정도 어색해지기 때문이다. 이런 것의 해결 방법은 자주 말을 하면 된다. 발표할 기회가 많지 않은 사람들은 상대방의 말의 속도에 맞춘다는 느낌으로 말을 하면 되고 만약 발표자라면 내용 정리를 정확하게 하고 반복적인 연습으로 충분히 조절할 수 있다.

우리가 영어를 배울 때 22,000단어를 외우고도 말하기 연습을 하지 않기 때문에 대화가 안 되듯이 이론을 아무리 많이 알아도 경험이 많은 사람을 이길 수 없는 것이다. 연습을 통해서 말의 빠르기와 목소리를 조절한다면 상대방은 나를 말 잘하는 사람으로 알게 될 것이다.

말재주는 없지만 할 말 다하는 사람들의 비밀

상대방을
칭찬한다

　사람들의 말투에는 말하는 사람의 성격과 그 사람의 분위기를 느낄 수가 있다. 또한 현재의 감정도 알 수 있다. 상대에게 말을 할 때 우리가 먼저 해야 할 것은 나의 성격과 분위기 감정을 상대가 좋게 느낄 수 있도록 보여야 한다. 나도 상대의 마음을 알아내고 그 사람의 스타일과 현재 감정을 읽으면서 말을 하여야 한다. 처음 만난 사람이라도 내 편으로 만들어야 내가 말하기가 쉬워지고 상대도 나의 말에 공감을 잘하게 된다. 내가 하는 말이 아무리 좋은 내용이라 하더라도 상대가 공감하지 않고 주의 깊게 들어주지 않는다면 아무 의미가 없다. 칭찬은 첫인사처럼 상대의 마음의 문을 열기 위한 좋은 방법이다.

칭찬받는 사람을 두 가지로 나누었다. 무엇이든 잘하는 사람에게 칭찬을 할 수도 있고 반대되는 의견을 내놓는 사람에게 하는 칭찬도 있다. 칭찬에 잘 적응이 되어 있는 사람은 자존감도 높다. 하지만 그렇지 않은 사람은 멋쩍어 하거나 의심을 한다. 모든 일을 성공적으로 잘하면서 칭찬 듣는 사람은 바로 다음 것을 준비를 한다. 하지만 우리는 대화나 말하기에서 상대의 반대되는 의견을 풀어나가야 하기 때문에 후자를 놓고 말해보자.

많은 사람들이 모여 회의나 모임에서 어떤 안건을 제시했을 때 서로의 의견을 물을 때가 있다. 어떤 때는 만장일치로 의견 통과가 잘될 때가 있는가 하면 어떤 날은 반대 의견이나 다른 의견이 많아 답답한 경우도 있다. 시간이 지나서 최종적으로 팽팽한 두 가지 의견이 나왔고 하나의 의견으로 결정해야 하는 상황이다. 결국 투표로 결정을 하는데 표 차이가 몇 표 되지 않아 어느 한쪽이 결정되었다. 이런 경우 반대 의견을 냈던 사람은 겉으로는 괜찮아도 뒤에 가서 다른 여론을 형성할 확률이 상당히 높다. 고집 센 사람들은 고집을 꺾으면 나의 골수팬이 될 수도 있다.

나무로 비유하면 목공으로 무언가를 만들 때 소프트 우드와 하드 우드가 있다. 나무의 종류에 따라 만드는 방법도 달라진다. 전통 가구를 만들 때 장인들은 대부분 하드 우드를 많이 사용한다. 이것은 공구들 중 끌이

나 대패의 날을 망가트리기도 하고 단단하기 때문에 작품을 만드는 시간도 많이 걸린다. 하지만 장인들은 기술이 뛰어나기 때문에 하드 우드의 특징을 잘 알고 아주 능숙하게 잘 다룬다. 특히 작품을 만들 때보면 톱질이 잘 안되거나 평평하지 않은 부분을 대패질할 때는 단단한 그 나무를 살살 달래가면서 조금씩 다듬어나간다. 많은 시간과 장인의 노력으로 만들어진 완성된 작품의 단점은 딱 하나 단단하다는 것. 그래서 다루기 힘들다는 것뿐이다. 하지만 작품을 만들고 난 후의 단단한 나무는 달라진다. 많은 장점을 가지고 있다. 작품의 정교함이 느껴지고 뒤틀림과 같은 변형이 없다. 소프트 우드는 반대라고 볼 수 있다.

사람도 마찬가지다. 어떤 의견에 반대 의견을 내는 사람은 항상 의견 충돌을 일으키게 된다. 반대 의견을 내는 사람은 단체의 발전을 위해서 꼭 필요한 사람이다. 갇혀 있는 생각보다 다른 시각에서 볼 수 있다는 것 자체가 나아지고 있다는 신호이다. 나는 이런 사람을 하드 우드에 비교하고 싶다. 반대 의견을 말하는 사람이 고집까지 부린다면 상대하기가 여간 힘든 것이 아니다. 이런 사람들은 최종 투표에서 결정난 사항에 대해서도 불만을 표출하는 경우가 있다. 이것은 마지막 정리를 하지 않아서이다. 불만을 없애는 방법은 어렵지 않다. 바로 칭찬이다.

반대 의견을 내놓고 결정까지 고집을 부렸지만 '당신의 의견도 정말 좋은 의견이다. 다음에는 꼭 그 의견으로 실행해 보도록 하자.'라는 말이라도 한다면 나아질 것이다. 우리가 대화를 하는 데는 옳고 그름이 있지만 무엇인가를 결정할 때는 그것을 구분하자고 하는 것이 아니기 때문에 그 한 사람의 의견을 인정해주면 되는 것이다.

　내가 20대 때는 대학 축제를 많이 진행했었다. 대학 축제만큼 멘트를 남발해도 문제시 되지 않은 곳이 없었다. 너무 정형화 된 멘트로 진행을 하면 반응이 없을 정도였고 갓 20대들의 언어를 보면 알 듯이 자극이 있어야 관심을 갖는다. 그날도 분위기는 좋았고 가요제를 진행할 때였다. 여학생이 참가자로 나왔고 외모에 신경을 많이 쓰는 스타일의 학생이었다. 나는 인터뷰 도중 그 여학생이 쌍꺼풀 수술을 했다는 느낌이 있어 물어보았고 그 당시 또 대학교 입학하면 많이 했었던 게 쌍꺼풀이었으니 부담 없이 수술이 잘됐다고 칭찬의 말을 툭 던졌다. 그 순간 이 학생은 말은 않고 나를 노려보고만 있었다. 이럴 때는 MC들은 머릿속으로 오만 가지 생각을 다하고 다음 말을 받아칠 준비를 하는데 반응이 없어서 '마음에 안 드세요?'라고 다시 물었다. 지금 생각하면 정신 나간 짓이었다. 그 학생도 문제였지만 그런 걸 칭찬이라고 한 내가 더 문제였던 것이다. 지금은 아무것도 아니라고 생각할 수 있지만 그때는 쌍꺼풀 수술을 성형처럼 생각했으니 부끄러웠을 수도 있었다. 이런 건 칭찬이 아니다. 칭찬은 대화를 해보면 칭찬 받고 싶어 하는 상대의 마음이 보인다. 그때 하는 것이 칭찬이다. 자신의 능력을 인정받고 싶은 것. 그 안에는 당신은 하기 어렵지만 '나는 해냈다.'라는 의미도 들어 있을 수 있다. 그때 칭찬을 하면 제대로 한 것이다.

만약 나처럼 자전거 라이딩을 즐기는 사람들이나 철인 경기에 참여하는 사람들에게는 그냥 감탄사 한마디가 칭찬인 것이다. 굳이 문장으로 칭찬하려고 하지 않아도 내가 '우와', '오~', '대단하십니다' 이런 한마디면 상대방은 알아서 앞뒤 문장은 스스로 만들어 이해하고 좋아한다. 칭찬은 상대가 듣고 싶은 말을 해주는 것이 칭찬이다. 그러면 상대가 무조건 잘 하는 것만 있어야 칭찬을 하느냐, 그것은 아니다. 평소 자신이 아무 것도 잘하는 것이 없다고 자존감이 바닥인 사람에게는 칭찬의 효과는 더 크다.

아들이 학교에서 줄넘기 수업을 하고 와서 현관 바닥에 그대로 던져둔 것을 보고 못 뛰었구나 싶어 물어보았다. 대부분의 아이들은 많이 뛰는데 자기만 못 뛰었다는 것이었다. 그럴 리가 있나 싶어 알아보니 첫 줄넘기 수업에 잘 뛰는 아이들이 몇 명 있었고 대부분이 못 뛰었는데 친구가 더 잘 뛰어 샘이 난 것이었다. 아들은 내가 줄넘기 국가대표 급이란 걸 알고 있었다. 나는 운동을 많이 해서 줄넘기는 자신이 있다. 그날 나는 아들에게 나는 어릴 때 줄넘기가 없어서 빨랫줄로 연습했다고 선의의 거짓말로 관심을 끌었다. 그리고 나가서 매일 연습하기로 약속하고 딱 한

개 뛰기만 시켰다. 뛰고 앉고를 반복하다가 어느 순간 저절로 두 개가 된 것이었다. 나는 칭찬의 기회를 그때 잡았다. "이야, 줄넘기 첫날 두 개 뛰는 건 기적 같은 것인데 너는 줄넘기에 재능을 타고났구나!" 이렇게 말을 해주니까 아들은 입이 귀에 걸렸다.

결국 그날 다섯 개까지 뛰고 만족을 했다. 그 한마디 칭찬이 지금은 몸무게가 나보다 더 무거운데도 줄넘기 2단 뛰기는 기가 막히게 잘한다. 요즘도 하루 천 개의 줄넘기를 하는 아이가 되었다. 그런데 살은 빠지지 않는다. 원인은 먹는 것에 있었다. 그래서 이제 먹는 걸로 선의의 거짓말을 한 번 더 하려고 하는데 고학년이라 눈치가 빨라져서 안 된다.

칭찬은 타이밍을 잘 잡으면 그 효과가 배가 된다. 하지만 너무 남발하면 상대가 진심이 아니라고 느끼고 역효과가 날 수가 있다.

세상에는 정말 많은 부류의 사람들이 있다. 이 사람들에게 하는 칭찬도 스타일에 맞게 하여야 한다. 접근 방법이 다르다는 것이다. 야외 행사를 하다 보면 술 취한 관객이 난입하는 경우가 있다. 이럴 때 스태프들이 막으면 싸움이 되기 때문에 내가 말로 해서 결국 기분 좋아서 배꼽 인사하고 들어가게 한다. 무대에서도 긴장을 많이 하는 사람들이나 공연 팀이 나오면 긴장을 어느 정도 풀 수 있을 때까지 대화를 나누고 대화 중 칭찬 몇 마디로 자신감을 준 다음 시작한다.

오래된 수석도 강에 굴러다닐 때는 그냥 짱돌이다. 좌대에 앉히고 닦

말재주는 없지만 할 말 다하는 사람들의 비밀

아주고 어떤 모양을 닮았다고 말을 해주니까 가치가 생기는 것이다. 하물며 사람은 자신의 좋은 점을 찾아 말해주는 상대에게 마음을 열지 않을 수가 없다. 우리가 말을 하면서 상대에 대한 칭찬의 한마디는 상대를 설득시킬 수 있는 시작점이 될 수도 있다.

08

말의 길이를
짧게 한다

나는 가장 좋아하는 말이 명언이다. 이유는 짧아서이다. 책 읽기를 싫어하던 내가 책 읽기에 관심을 가지게 된 계기는 후배가 추천해준 짧은 문장으로 쓴 책 한 권이었다. 그 책을 다 읽고 책 쓰기에 도전하게 되었고 책을 쓰면서도 많은 책들을 읽게 되었다. 나는 유튜브 채널 〈장기진 Live〉를 독학으로, 테스트 방송을 하면서 시작을 했다. 처음엔 나의 취미이고 라디오에서도 내가 진행하던 코너를 하면 쉬울 것 같아 음악 소개와 디제잉 장비를 이용한 음악 믹싱을 하였는데 음악 저작권 때문에 아쉽게 콘텐츠를 할 수가 없었고 테스트를 많이 했어야 하기 때문에 Vlog로 영상을 업로드 하다가 드디어 콘텐츠를 정하게 되었다. 사람은 누구나 즐기는 자를 따라 잡을 수 없다고 말하지만 정답은 그 분야를 제대로 알고 즐기는 사람을 따라 잡을 수 없는 것이다. 나는 유튜브로 내가 좋아하는 명언을 소개하고 그것을 말한 사람의 생각까지 파악을 해서 소개하는 콘텐츠를 만들기로 했다.

한두 줄의 명언이 함축하고 있는 메시지는 엄청나다. 하지만 대수롭지 않게 읽고 지나가버리는 경우도 있고 나중에 써 먹기 위해서 카메라에 담거나 메모를 하는 경우가 있다. 만약 책 리뷰 하듯이 명언 리뷰를 하면 많은 사람들에게 동기부여가 되고 자기계발에 이용하게 될 것이다.

짧은 말이나 글은 사람의 마음을 움직이기가 쉽다. 권투 선수가 상대에게 카운터 펀치 한방으로 KO승을 하는 느낌이다. 이렇게 짧은 글이나 말은 상대방에게 쉽게 전달할 수 있고 그 말을 들은 상대방은 의미를 떠올리며 생각을 하게 될 것이다. 내가 명언을 좋아하는 다른 이유는 명쾌한 한 줄의 느낌 때문이다. 책 한 페이지를 읽어도 명언 한 문장이 있으면 형광펜은 그쪽으로 간다. 나는 하루를 필사로 시작한다. 책 쓰기를 하면서 내가 좋아하는 책을 필사하는 것은 그 책 작가의 마음을 느낄 수 있는 좋은 방법이다. 매일 아침 30분의 시간을 필사하는 데 사용한다. 우리의 인생은 시간으로 이루어져 있다. 그 소중한 시간을 더 의미 있게 사용하는 방법을 나는 찾았다. 이제 내 인생에서 최소 하루 30분씩은 제일 가치 있게 보낼 수 있다.

말하기에 관련된 책을 쓰면서 심리학과 자기계발 관련 책을 더 많이 보았다. 우리가 말을 하는 것은 나의 심리가 그대로 담겨있기 때문이기도 하고 내가 말을 하면 나의 수준이 그대로 드러나기 때문에 자기계발 또한 필수이다.

대화를 하면서 말을 길게 하는 사람들이 있다. 다른 내용을 많이 말하는 사람이 있는가 하면 반복적인 말로 길게 하면서 상대를 힘들게 하는 경우가 있다. 이런 사람과 대화를 하고 나면 무슨 내용을 정확하게 전달했는지 기억이 잘 나지 않는다. 말을 길게 하는 사람들의 특징 중 하나는 대답이나 질문을 할 때 반복적인 단어를 사용한다는 것이다. '네네', '뭐뭐', '왜왜' 이런 식의 말들이다. 처음 몇 번은 모르겠지만 자주 들으면 집중도 되지 않고 심하면 상대방에 대한 신뢰도 떨어지게 된다. 어떤 사람은 전문용어를 많이 사용하면서 말의 길이를 늘어트리는 경우도 있다.

말은 상대에게 내 의견을 표현하고 서로 정보를 공유하기 위해서 하는 것인데 알아듣지도 못하는 전문용어를 많이 사용한다는 것은 자기 과시나 상대방을 위축시키는 행위가 된다. 영어를 전혀 못하는 사람에게 네이티브처럼 말하는 것과 다를 바가 없다. 짧게 말을 해도 상대는 그 말을 쉽게 받아들이고 이해가 되지 않으면 되묻고 하는 것이 대화이다. 회사의 슬로건을 보면 추구하는 방향을 알 수 있는 것도 이런 것이다. 짧은 말로 상대에게 정확한 메시지를 전달하려면 시작과 끝을 정확하게 하여야 한다. 어떤 사람은 시작은 명확한데 끝이 흐지부지인 사람이 있다. 상대는 무슨 말인지 몰라 다시 묻게 되고 이것이 반복되면 아무리 짧은 말이라도 듣는 사람은 답답해하게 된다.

나는 목소리가 중저음이기 때문에 천천히 명확하게 입을 벌리면서 말하지 않으면 울림이 심해서 상대가 못 알아들을 수도 있다. 실제로 우리 아버지와 형님 그리고 나는 목소리가 똑같다. 가족들이 헷갈려 할 정도로 똑같다. 학창 시절 한참 반항할 시기에 나와는 다섯 학년 차이 나는 형과는 말할 기회가 별로 없었다. 가끔 말을 할 때면 형은 나에게 '똑바로 말을 해라 무슨 말인지 하나도 못 알아듣겠다.'라고 말을 했다. 나도 형에게 '나도 못 알아듣겠다'고 했다가 쥐어 박히기도 했었다. 평소 대화가 없는 둘이서 짧게 대화를 하면서도 서로 못 알아듣는 것은 목소리에 힘을 주지 않고 입안에서만 웅얼웅얼했기 때문이다.

우리가 말을 짧게 해야 할 때가 있다. 평소 스타벅스에서 수다 떨면서 시간 잡아먹기 놀이할 때에는 논리도 없고 내용도 없어도 아무런 문제가 되지 않는다. 할 말이 없으면 괜히 옆 테이블이나 길 걸어가는 사람을 소재로 해서 시간 낭비를 한다. 남자들은 나이가 되면 입대를 한다. 군대에 가면 복명복창과 관등성명 대기 등 말하는 법을 저절로 익힌다. 지금은 휴대전화도 사용하면서 군대가 편하다고 하지만 그래도 군대다. 불필요한 말을 하지 않는 곳이고 교육을 하는 조교도 말을 길게 하지 않는다. 짧게 묻고 짧게 답한다. 그러다 보니 사람이 아니라 기계화되어가는 느낌도 들었다. 대화를 하면서 이렇게 하는 것은 무리겠지만 불필요한 말을 많이 하는 사람들은 군대식 말하기를 추천한다. 어떤 사람은 질문을 할 때 너무 길게 해서 상대가 못 알아듣는 경우도 있고 반대로 간단한 대답을 원하는데 꼬리를 물고 길게 설명하는 사람도 있다.

외부에서 행사를 하다 보면 공지사항을 전달할 때가 있다. 불특정 다수들에게 정보를 전달할 때에는 좋은 소식이건 나쁜 소식이건 최대한 빠르고 알아듣기 쉽게 전달해야 된다.

어떤 곳은 A4용지 한 장으로 전달사항이라고 가져오는 데가 있다. 나는 열줄 정도로 줄여서 중요한 것만 전달을 먼저 하고 다시 전달할 때 그 내용을 읽어준다. 특정 단체에서가 아니면 불특정 다수는 앞에서 말을 해도 관심을 가지는 사람들이 거의 없다. 그래서 핵심부터 말해주어야 한다. 특히 긴급 상황일 때는 더 함축해서 말을 할 줄 알아야 한다. 짧게 말하는 것도 쉽지가 않다. 짧게 말하지만 내 의견을 잘 전달하기 위해서는 먼저 내가 말할 주제를 생각한다. 그리고 말의 내용을 정리한다. 끝으로 그 말을 하는 이유까지 말하면 짧게 정리할 수 있다.

사람들은 지난번에 갔던 같은 장소에 가면 그때와 비슷한 감정이 들기

말재주는 없지만 할 말 다하는 사람들의 비밀

때문에 말도 같은 말을 할 수가 있다. 지나는 길에 건물을 보거나 예전에 있던 나무가 생각이 난다거나 할 땐 옆 사람에게 그때의 이야기를 해주곤 한다. 나도 마찬가지다. 아내와 차를 타고 가다가 항상 같은 건물을 보고 '뉴욕에 있는 건물 같다.'라고 말을 했었다. 이제는 그 앞을 같이 지나면 아내가 '뉴욕 같다고? 알겠어.'라고 농담을 한다. 누군가와 대화를 할 때 했던 말을 반복적으로 하는 사람은 이런 심리 상태일까? 틀림없이 나에게 여러 번 했던 말인데 자꾸 하는 것은 나만 보면 그 이야기가 생각이 나서일 수도 있다. 이제는 누군가가 나에게 했던 말을 하면 나를 보고 그 이야기 생각 안 나도 된다고 말해주어야겠다.

제일 힘들고 피곤할 때가 연말연시 메시지나 축하 인사말 들을 때이다. 말하는 사람은 나름 바꾼다고 바꿨는데 작년과 같은 내용이고 재작년과도 같은 내용이다. 이럴 땐 누군가 벌떡 일어나서 '작년에 들었는데요.'라고 한다면 속이 시원하겠다. 말의 길이를 짧게 하라는 것은 대표적으로 상대도 알고 있는 사실을 반복적으로 말하거나 설명을 너무 길게 하는 것을 말한다.

인사말도 할 게 없으면 짧게 '사랑합니다' 한마디면 박수를 더 많이 받는다.

66 ────────────────────────────────

말을 시작하기전에 생각할 시간이 있다면
당신이 하고자 하는 말이 정말 가치가 있는지
누구에게 상처를 주지 않는지 생각해보라.
– 톨스토이

──────────────────────────── 99

4장

기분 좋은 사람으로
기억되는 대화의 기술

01

당당함과 겸손함을
겸비한다

말을 잘 하기 위해서는 갖추어야 할 요소들이 많다. 당당하라는 것은 말을 할 때 자신감을 가져야 된다는 것이다. 자신감은 심리적인 것이기 때문에 장소에 따라 달라진다.

사람은 시련을 잘 이겨내면 모든 부분에서 성장을 한다. 특히 마음의 흔들림을 잘 극복할 수 있다. 공자는 사람 나이 40세를 불혹이라 했다. 어떤 유혹이나 욕심에 흔들리지 않는다는 말이다. 나는 30대 초반 때가 내 분야에서 전성기였다. 하지만 그때는 주변을 살피지 않고 오직 내 길만을 걸어갔다. 짧은 호주 생활을 하고 다시 돌아와서 재기를 했을 때는 외국생활의 경험을 바탕으로 자신감이 많이 상승해 있었다.

그러는 가운데 내가 할 수 없는 영역까지도 진출해 있는 모습을 보게 되었다. 그 당시에는 영어가 조금 된다는 것을 내세워서 영어 MC라는 타이틀도 함께 붙여서 활동을 했었다. 영어를 잘하는 사람은 많아도 MC를 볼 수 있는 사람은 극히 드물었다. 그래서 주위에서 추천도 많이 했었고 나도 '어느 정도 하면 되겠지.'라는 생각으로 문의가 들어오면 진행을 하곤 했다. 그러던 중 두 종류의 행사에서 나를 깨우치게 되었다. 하나는 전 세계 애니메이션 작가들의 프레젠테이션을 진행하면서 질의응답과 끝난 후 일정을 소개하는 프로그램이었다.

한국어 한마디 없이 영어로만 진행을 해야 하는 상황이었다. 나는 사전에 담당자로부터 시나리오만 읽어주면 된다는 전달을 받고 영문 시나리오를 미리 받아 열심히 리딩한 상태였다. 그런데 현장 상황은 그런 것이 아니었다. 각국에서 오는 참가자들을 처음부터 끝까지 안내하고 회의 전체를 진행해야 하는 것이었다. 상당히 난감한 상황이 되었다.

하지만 그대로 망칠 수가 없었다. 이런 상황이란 걸 담당자도 모르고 있었고 네이티브 수준이 아니라고 말했을 때도 간단하게 하면 된다고 했었던 거였다. 어쨌거나 이 상황을 정리하자고 해서 나는 용기를 내어 당당한 척 하면서 세 시간 가량의 컨퍼런스를 진행했다. 영어권의 참가자들은 대충 알았을 것이고 비영어권은 그냥 그렇게 봤을 것이다. 나는 할수 있는 데까지는 최선을 다했고 행사는 무리 없이 끝이 났다. 담당자도 괜찮다고 했지만 돌아오는 길에 나는 많은 생각을 했다.

말재주는 없지만 할 말 다하는 사람들의 비밀

나의 한계를 넘어 도전하는 것은 나 혼자의 일에서만 하여야 한다. 국제적인 행사에서 내 수준이 나라의 수준이 될 수 있다는 생각을 하고 돈을 쫓아가는 행동은 하지 않겠다고 결심을 하게 되었다. 그 후에도 영어 MC 문의가 오면 수준을 물어보고 네이티브 급을 원하면 전문 통 번역사를 섭외하라고 하면서 상황 설명도 함께해주게 되었다. 그 후 나는 한 번 더 엄청난 경험을 하게 된다. 10년도 더 지난 어느 여름 중학생 수준의 영어 실력이면 된다는 연락을 받고 편한 마음으로 행사장에 갔다. 그곳은 한국인과 미국 사람들이 함께 있다고 했고 도착한 곳은 미군 부대였다.

평소 나는 외국인에 대한 부담은 없었기 때문에 편한 마음으로 대기를 하고 있는데 그곳은 일반적인 영어가 아닌 슬랭(속어)을 주로 사용하였다. 난 시작과 함께 멘탈이 무너지기 시작했고 최대한 말을 줄이고 게임과 공연 소개만 해야겠다는 생각을 했다. 그런데 이 사람들은 즐기기 위해서 온 사람들이라 무대에 나오면 말이 그렇게 많았다. 통제가 어려우니 주위가 산만해지고 그래도 나는 꿋꿋하게 선물로 정리를 했다. 지금 생각하면 정말 재밌게 나의 무대를 만들어갈 수 있었는데 그때는 제정신이 아니었다.

말에서 막히면 자신감은 끝없이 추락한다. 나는 이 두 행사를 계기로 실전에 사용되는 영어공부를 하기 시작했다. 전문 통역사로부터 영문 시나리오를 지원 받아 내 입에 맞는 단어들을 조합해서 연습을 하기 시작했다. 그 덕분에 행사장에서 외국인들을 보면 지역 축제도 국제 행사처럼 만들어낸다. 역시 인생에는 시련이 있어야 축복이 오는 것이었다.

지금은 영어를 거의 잊어버려 내가 필요한 말만 하지만 지역 축제에서 외국인을 만났을 때 그 지역을 위해 무엇인가를 알려야겠다는 마음은 항상 가지고 있다.

당당하려면 연습을 하여야 한다. 실력을 갖추지 않고 연습하지 않으면 어려움이 닥쳤을 때 극복하기 힘들어진다. 겸손은 당당함과 함께 하여야 한다. 당당하면서 겸손하지 않으면 건방지다는 느낌을 줄 수 있고 겸손하지만 당당하지 못하면 만만한 상대가 될 수 있다.

나는 우리나라 최초의 중장비 경매사다. 자격증이 있는 것은 아니지만 실력으로 인정받아 대기업에서 인증서를 주었다. 이것도 나의 끈질긴 연습에서 가능했다. 미국과 일본에서는 중장비를 오래전부터 현장 경매를 통해 외국으로 수출을 해왔다. 그래서 현대 건설 기계에서 벤치마킹하여 우리나라 최초로 프로젝트를 추진하던 중 역시 영어를 할 줄 아는 MC를 전국에서 찾았던 것이었다. 나는 평소 친분이 있는 서울의 통역 회사로부터 섭외 요청을 받았고 처음에는 지난번 같은 실수를 반복하기 싫어서 거절을 했다. 하지만 다시 섭외가 들어왔고 현대 건설 기계 본사로 미팅을 갔었다. 많은 간부들 앞에서 자기소개를 하고 2주 동안 준비해서 다시 오겠다고 했다. 대상은 외국인들이었지만 대화보다는 숫자를 영어로 엄청나게 빨리 말해야 하는 것이었다.

말재주는 없지만 할 말 다하는 사람들의 비밀

기업 행사 진행(HCE Auction)

그날부터 나는 아침, 점심, 저녁 2시간씩 미국 경매사들의 영상을 보면서 연습을 했다. 하지만 그 사람들은 평생을 경매를 하고 대회까지 나가는 사람들이고 나는 이제 시작인데 어려움이 많았다. 그래서 나는 모든 것을 내 스타일로 바꾸기로 마음먹고 리듬만 그 사람들을 따라 했다. 경매에 참가하는 사람들도 너무 빠르면 못 알아듣기 때문에 속도 조절도 내 마음대로 할 수 있도록 연습을 했다. 2주 후 다시 본사 회의실에서 시범을 보이게 되었고 조금만 더 스피드 있게 준비해서 하자는 것이었다. 나는 그날부터 시간만 나면 연습을 했다. 초등학교 4학년 딸이 따라 할 정도였다. 그리고 첫 경매가 열리는 날이었다. 우리나라 최초의 특이한 경매장에 많은 취재진과 갤러리들이 모였다. 나는 일찍 가서 현대 직원들과 리허설까지 열심히 마친 상태였다.

연습을 많이 해서인지 자신감은 충만했다. 꼭 성공시키겠다는 각오와 함께 경매가 진행되었다. 그날 출품 중장비는 350대였다. 누구도 해보지 않았고 아무나 할 수 없는 일을 하고 있어서 무척 기분이 좋았다. 그날 200여 대 이상 낙찰이 되었고 경매는 성공적으로 마무리 되었다. 나는 열심히 준비한 내 생애 가장 독특한 경매 행사를 해냈다. 몇 차례 하면서 400여 대가 넘는 중장비를 해외로 보냈다. 지금은 경매를 하지 않지만 나에게 왔던 기회를 노력을 통해서 잡을 수 있었고 요즘도 행사장에서 경매 프로그램이 있으면 전문가의 자세로 프로그램을 진행한다.

연습도 많이 하였고 모든 것이 준비되었는데 긴장되는 순간들이 있다. 특히 발표를 하기 위해 여러 사람 앞으로 나갈 때는 모두가 나를 쳐다보는 것 같고 동작과 표정 하나하나가 신경 쓰인다. 강단에 오를 때는 첫 한걸음부터 당당해야 한다. 첫걸음을 긴장해서 내딛게 되면 강단 중앙까지 가는 동안 몸이 움츠려들고 사람들의 눈치를 어색하게 살피면서 들어가게 된다. 이렇게 되면 벌써 사람들에게 내 모습의 절반을 보여준 것이 된다. 항상 시작이 편해야 한다. 매일 강연을 하는 사람도 강단에 서는 첫 순간에는 긴장된다. 나는 처음에 무대에 걸어 나갈 때 몇 미터 되지 않는 거리지만 3~4초가 길게 느껴졌었다. 이 순간 관객들과 시선을 마주치면서 걸어 들어가면 강단 중앙에서는 훨씬 편안함을 느낄 것이다. 그리고 시작 전 강단에 걸어오면서 느낀 점을 짧게 말하고 하면 더 자연스럽게 된다.

말재주는 없지만 할 말 다하는 사람들의 비밀

02

청중이 원하는
말을 하라

상대방이 관심 없는 내용을 내가 말하고 있다면 그 상대는 엄청나게 불편함을 느낄 것이다. 학교나 가정에서 또는 모임에서 흔하게 경험할 수 있는 상황이다. '대화의 내용은 알겠는데 그 내용이 나와 무슨 상관이 있지?'라는 생각이 들 때면 상대가 하는 말이 언제 끝날지에만 관심이 가게 된다.

대화는 상대를 나의 편으로 만들어야 내가 원하는 방향으로 이끌어갈 수 있고, 많은 청중들 앞에서 말할 때도 그들이 듣고 싶어 하는 내용을 들려주어야 힘들지 않게 리드해갈 수 있다.

인간의 본성은 타인으로부터 좋은 말을 듣고 싶어 한다. 좋은 말이란 긍정적 언어와 칭찬을 이야기한다. 어린이들이 모여 있는 곳에 가면 항상 시끌벅적하다. 때로는 소란하기도 하다. 그래서 어른들이 조용히 하라고 야단을 치면 분위기는 금세 가라앉는다. 이때 아이들이 듣고 싶은 말은 어떤 말일까. 아마 아무런 간섭을 받지 않거나 떠들어도 괜찮다는 말일 것이다.

대부분의 어린이들은 만화영화를 좋아한다. 내가 어릴 때도 그랬다. 매주 일요일 아침이면 방송하던 〈은하철도 999〉라는 만화영화는 그 당시 어린이들에게 어마어마한 인기였다. 항상 아버지께서 TV를 차지하고 계셔서 눈치를 보면서 채널을 돌렸는데 어느 날 눈치를 채셨는지 '만화 봐라.' 하시는 것이었다. 그건 내가 바로 기다리던 말이었다.

지금 우리 집 아이들은 눈치도 보지 않고 하고 싶은 대로 한다. 가지고 싶은 것 있으면 사야 된다 하고, 먹고 싶은 것 보고 싶은 것도 마찬가지다. 내가 어떤 말을 해야 좋아할까 고민스러울 때도 있다. 피아노를 전공하는 중3 아들은 하루 몇 시간씩 연습을 한다. 나는 연주는 할 줄 모르지만 오랜 기간 피아노 음악을 들은 탓에 소리만 들어도 치고 싶어 하는 연주인지 하기 싫은데 억지로 하는 연주인지 알 수가 있다. 예전에는 하기 싫은 것 같다 싶으면 불러서 앉혀놓고 물어보면 아들과 나 사이에는 에너지의 교차가 일어난다.

말재주는 없지만 할 말 다하는 사람들의 비밀

내가 아들에게 "피아노 치기 싫으냐!"라고 물었을 때는 벌써 내 마음에는 아들의 "아닙니다. 열심히 하겠습니다!"라는 대답을 원하고 있었는데 이놈은 '그게 아니고.'라는 말이 먼저 나와버린다. 한 시간을 더 연습하고 덜 연습하고는 자신의 마인드 차이지만 이것은 인간의 본성이 드러나는 부분인 것이다. 나는 대화를 할 때 변명이나 둘러대는 것을 상당히 싫어한다. 아이들에게도 야단맞을 행동을 했으면 바로 말하고 야단을 맞는 게 낫다고는 하지만 사람이 어디 그런가. 하지만 이런 사소한 것들이 쌓이면 갈등이 점점 더해가기 때문에 연습시간을 빼서라도 나는 타이르고 넘어간다.

반대로 아들의 입장에서는 내가 연습실 밖으로 불러냈을 때는 피곤하고 집중도 안 되던 찰나에 밖에서 좀 쉬다가 간식 먹고 하라고 할 줄 알았는데 그런 게 아니라 일장 연설을 하니 당연히 기분이 더 안 좋아질 수밖에 없다. 나는 책을 쓰면서 내가 지금까지 말을 하는 직업이었으면서 다른 사람들에게 특히 가족들에게 하지 말았어야 할 말과 듣고 싶어 하는 말을 구분해서 하지 말았어야 할 말은 줄이고, 듣고 싶어 하는 말만 해주었으면 좋았을 텐데 하는 생각을 많이 한다.

사람들은 상대방이 어떤 말을 듣고 싶어 하는지 알고 있다. 만약 잘 모르겠다면 대화 도중 상대방이 '나는 이런 말을 듣고 싶어요.'라는 의미의 말을 살짝 흘릴 것이다. 내가 어렸을 때는 우리 아버지께서는 내가 만화 영화 보고 싶다는 것을 아셨고 나는 아들이 피아노 연습하다가 조금 쉬고 싶다는 것도 알고 있다. 저녁 식사 후 아내는 "내가 설거지 해줄게."라는 말을 듣고 싶어 할 것이다. 그런데 사람들은 마음에만 담아두고 상대방이 말하지 않으면 그냥 넘어가버린다.

나는 의외로 상당히 가정적이다. 아침에 일찍 일어나서 환기시키고 청소기로 온 집안을 밀고 난 뒤 아이들과 아침을 챙겨먹고 아내는 제일 늦게 깨운다. 우리 집 아이들도 아침잠이 많은 엄마를 깨우지 않는다. 내가 프리랜서라 가능한 일이다. 내가 자란 가정 환경은 그렇지 않았다. 가부장적인 집안에서 맞벌이셨지만 어머니는 집안일을 다하시고 밤늦게 주무셔야 했다. 나는 그 모습이 힘겨워 보여 내 옷은 내가 세탁해서 입었었다. 외국에는 가정에서 남편의 위치는 한국과 조금 다르다. 호주 사람들은 농담 삼아 가정의 서열을 말해준다. 당연히 첫째는 여자, 그다음은 아이들, 그다음은 반려견, 그다음이 남자일 거라고 생각하지만 아니다. 그다음은 바로 잔디. 그 잔디를 걷어내면 그 밑에 남자가 있다고 웃으면서 말한다.

농담이지만 나에게는 뼈 때리는 말이었다. 그때까지만 해도 나는 차려주면 먹고, 먹고 나면 TV나 보는 전형적인 한국형 남자였다. 정리는 오로지 아내의 몫이었다. 그러던 중 앞집에 사는 부부가 아내가 집 앞에 잔디를 깎는 모습을 보고 나를 이상한 사람 취급을 했다. 그러면서 하는 말이 여자는 커피 마시면서 음악 듣고 햇볕 아래서 독서나 하면 되지 일은 남자가 해야 한다고 했다. 그러면서 앞집 남편 트로이가 나에게 '거지되기 싫으면 말 잘 들어라'고 했다. 꼭 그 말 때문은 아니지만 3개월 정도 지났을 때 시드니에서도 활동을 제법 했었기 때문에 사람들과 대화할 기회가 많았다. 한인들도 마찬가지. 남편들은 일하러 가면 아내들은 골프나 여가 활동을 하였다.

　주말에는 바비큐 파티를 항상 하기 때문에 이때도 모든 준비는 남자들이 다 했다. 그런 것이 생활화되어 있으니 남자들은 불만이 없었다. 나도 그 사람들과 어울리기 위해서는 그렇게 할 수밖에 없었다. 그러다보니 습관이 돼버렸고 지금 우리 집에서는 아주 자연스러운 것이 되었다.

　나는 식사 후 아내에게 '설거지할까?'라고 하면 아내의 답은 '고마워!'이다. 그렇다고 호주 사람들이 부부 싸움이 없는 것도 아니다. 차이점은 우리나라는 어머니들께서 희생하면서 성장해온 사회이다 보니 집안일은 무조건 여자가 하는 인식이 되어 있는 것이다. 세상은 많이 바뀌었지만 잘 변하지 않는 것이 남편이다. 천성이 부드럽고 착한 사람들이 있다. 이런 사람들은 마음의 상처를 쉽게 받고 치유가 잘 되지 않는다. 이렇게 타고난 성품이 착한 사람들은 이 사람들만 모아서 마을을 하나 만들어주어야 한다. 상대방과 대화를 하면 갈등을 유발시키기를 싫어하기 때문에 자신의 생각과 다른 의견이 나와도 그냥 수긍하고 넘어가버린다. 더 문제는 대답이라도 하지 말아야 하는데 상대의 의도대로 대답을 해버린다는 것이다. 이렇게 되면 나중에 일이 잘못되었을 경우 같이 책임을 지거나 혼자서 책임을 져야 하는 경우가 생긴다. 내 주변에도 이런 사람이 한 명 있다. 바로 나의 아내가 이런 사람에 속한다.

일반적으로 사람들은 대화를 할 때 자신이 원하는 말을 듣기 위해 말을 꾸미거나 상대의 마음을 읽는다. 그렇다면 우리는 내가 피해를 입지 않는 범위 내에서 혹은 어떤 일을 위해서라면 그 사람이 원하는 말을 빨리 파악하고 해주면 된다. 대화를 쉽게 하고 편하게 하는 방법은 상대가 어떤 말을 듣고 싶어 하는지를 파악하고 계약적인 부분이 아니라면 상대가 보내는 그 신호에 반응을 해주면 된다. 말하기의 달인은 내가 원하는 것을 상대에게 모두 전하는 것이 아니라 상대가 원하는 말을 내가 하면서 그 속에 내가 원하는 것도 같이 전하는 것이다.

말재주는 없지만 할 말 다하는 사람들의 비밀

03

행복지수가
올라가는 말하기

인간은 누구나 행복을 찾고 행복해지기를 바란다. 나라별 행복지수 순위까지 나와 있을 정도이다. 전 세계에서 가장 행복지수가 높은 나라는 핀란드이다. 나는 가장 살기 좋은 나라는 우리나라인 것 같은데 왜 행복지수는 높지 않은 것일까? 어떤 발표에서는 가난한 나라일수록 행복지수가 높다는 말을 하는데 꼭 그렇지만은 않은 것 같다. 그렇다면 불행하다고 느끼는 사람은 가난한 나라에서 생활을 하면 괜찮아지는 것인가?

말은 마음의 표현이다. 그래서 상대가 하는 말을 가만히 듣고 있으면 그 사람의 심리 상태를 알 수가 있다. 우리는 말로 상대방에게 희망을 줄 수도 있고 꿈을 빼앗을 수도 있다. 나는 고등학교 시절 공부가 하기 싫어서 장래희망을 공부하지 않고 할 수 있는 게 무엇일까 자주 생각했었다.

그때는 국, 영, 수만 하지 않아도 좋았다. 학교 교육에서 배우는 것들이 사회 생활하는데 무슨 상관이야 라는 말도 자주 했었다. 공부하기 싫어하는 아이들의 특징이다. 어느 날 선배로부터 아주 솔깃한 제안이 들어왔다. 유명한 그룹 사운드 보컬이 선배의 가족이라고 같이 서울로 가서 음악을 하자는 거였다. 나는 악기도 다룰 줄 아는 게 없었고 노래도 배워본 적이 없었다. 그 선배는 노래를 배워서 보컬을 하라는 거였다. 본인은 기타를 연주하고 더 필요한 멤버를 물색해보자고 하였다. 공부는 하기 싫고 좋은 제안인 것 같다는 어린마음에 그날부터 반은 가수가 된 듯 장래희망이라고 하면서 다녔다.

그러다 여름 방학을 하였고 선배는 서울로 가자는 것이었다. 나는 겁날 것이 없었다. 그래서 아버지께 서울 가서 그룹 사운드를 하겠다고 말씀을 드렸더니 아무 말씀을 하시지 않고 웃으시기만 하셨다. 지금 아들이 나에게 그렇게 말한다면 나도 웃기만 할 것 같다. 그때 나는 허락을 했다고 생각하고 매일 계획을 세웠다. 계획을 볼 때마다 얼마나 행복한지 내가 사람들 앞에서 노래하고 사람들은 환호성을 지르면서 마치고 싸인을 받으려고 줄 서있는 모습을 상상했다. 매일같이 TV에 나와서 인터뷰하는 그런 모습들을 생각하니 너무나도 행복했었다. 지금도 그때 생각을 하니까 웃음만 나온다. 그렇게 시간을 보내고 있을 때였다. 선배와 서

말재주는 없지만 할 말 다하는 사람들의 비밀

울을 가기로 한 날짜가 다가와서 어머니께 다시 말씀을 드렸다. 어머니는 현실주의자이시기 때문에 반응을 바로 하신다.

하루하루 먹고살기 바쁜 상황에서 막내아들의 어처구니없는 이야기를 들으시고는 세상물정 모른다고 엄청나게 혼을 내셨다. 그때 아버지께서 들어오셨고 아버지께서는 아직도 그러고 있냐고 말씀을 하셨다. 나는 하늘이 무너지는 줄 알았다. 그때부터 머릿속은 하얗게 되고 행복했던 내 마음은 온데간데없이 무너져버렸다. 그 당시 부모님의 마음은 지금 이해할 수는 있지만 그때 해보지 않았던 것이 조금 아쉽긴 하다. 고생은 많이 할 수 있겠지만 그 당시는 엄청나게 행복했을 수도 있었을 테니까! 사람의 마음은 간사하다는 것을 우리는 알고 있다. 상대와의 대화에서 좋은 말이나 나를 칭찬해주는 말을 들으면 행복해하고 바른 말이나 독설을 하면 싫어한다.

그래서 사기꾼들은 사람의 이런 마음을 이용하는 것 같다. 착하고 순수한 사람 옆에 딱 붙어서 그 사람이 좋아할 만한 말을 하고 상대를 치켜세우면서 마음의 문을 열게 한 다음 자신이 필요한 이익만을 취하는 것은 사람의 이런 마음을 이용하기 때문에 가능하다. 나는 아이들에게 남의 말을 없는 곳에서 하지 말라고 교육시킨다. 내가 그 사람이 없는 곳에서 그 사람 이야기를 하면 말에는 에너지가 있어서 그 사람이 느끼게 되고 언젠가는 그 사람도 내가 없는 곳에서 내 이야기를 하게 될 테니까.

행복지수를 높여주는 말은 좋은 말만 하염없이 하는 그런 것이 아니다. 주변을 둘러보면 얼굴에는 미소를 띠고 쉴 새 없이 말을 하는 사람이 있다. 이런 사람들은 그냥 봐도 진실성이 떨어지고 어디선가 주워들은 이야기를 본인 것인 양 떠들어 대곤 한다. 하지만 사람들은 이내 이 사람이 말을 옮기는 사람이라는 것을 알아차리고 말조심을 하게 된다. 나는 지인이 필리핀에서 전화가 와서 어떤 사람의 이름을 말하면서 잘 아냐고 물었다. 나는 처음 듣는 이름에 내가 아는 사람이 필리핀까지 가서 내 이름을 팔아먹을 정도의 인물들이 없다고 말하고 조심하라고 전했다. 이런 사람들은 바른대로 말하면 어떠한 핑계를 대면서 빠져 나가기 때문에 확인했다는 티를 내면 안 된다. 그냥 장단을 맞춰주다가 피하는 것이 상책이다.

인생을 살면서 이런 사람을 한번 만나면 내 인생 전체의 행복지수를 깎아 먹는다. 지식이 풍부하고 전문가인 사람 옆에도 항상 서당 개가 있다. 전문가 옆에서 오래 있다 보면 자신이 전문가인 것처럼 착각을 하는 경우도 많이 보았다. 그런 사람과 대화를 해보면 상식을 전문분야처럼 말하고 누가 들어도 엉터리인 것을 진짜인 것처럼 말한다. 심지어 머릿속에 내용이 정리가 되어 있지 않고 주워들은 말들이라 본인이 말을 해

말재주는 없지만 할 말 다하는 사람들의 비밀

놓고도 돌아서면 모르는 경우도 많다.

우리가 대화를 할 때 피해야 할 대상이다. 만약 이런 사람과의 대화를 피할 수 없는 상황이라면 절대 말을 섞어서는 안 된다. 틀림없이 문제를 발생시킬 사람이기 때문에 나중에라도 그 문제에 휘말릴 수가 있다.

나는 지금도 아이들에게 가끔 '너희들은 다른 사람들 말은 잘 들으면서 부모님 말은 왜 흘려듣는 거냐?'라고 한다. 이것은 사람이라면 예전에 나도 그랬고 지금도 그렇고 나중에도 그럴 것이, 가장 가까이 있는 사람의 말은 우리가 숨을 쉴 때 공기의 고마움을 모르는 것과 같고 다른 사람의 말은 목이 말라 마시는 물처럼 느껴지기 때문이다.

나는 돌아가신 아버지를 생각하면 일요일 아침 나에게 만화를 보라고 하시고는 족집게를 주시면서 새치머리를 뽑으라고 하신 것이 그리워진다. 그러면 나는 개당 백 원씩 해서 뽑기 시작한다. 경험해본 사람들이 많을 것이다. 만화영화는 나를 붙들어놓기 위한 수단이었다. 그래도 난 머리카락을 하나 뽑으면 돈이 생기기 때문에 만화는 잊고 아버지 머리만 만지고 있었다. 어른이 되고 보니 자식들을 위해 고생하신 흔적인 것을 거울을 보실 때마다 세월의 한숨만 쉬셨을 텐데 그때는 전혀 모를 때였다. 아버지는 아들이 새치를 뽑기 위해 손으로 머리를 만지는 것이 좋으셨던 것이다. 형과 누나가 있을 때는 셋이서 한꺼번에 아버지한테 붙어 있은 적도 있었다. 아버지는 그때 얼마나 행복했을까!

나는 딸에게 '엄마, 아빠 커피 두 잔 부탁해.'라고 시킨다. 딸은 어릴 적 나와 비슷해서 '고객님, 주문하신 커피는 천 원입니다.'라고 말한다.

그러면 나는 '내가 뽑아 먹을게.'라고 하면 '오늘은 특별히 오백 원에 드리고 쿠폰 북에 기록해두겠습니다.'라고 딸이 대답을 해준다. 아내는 이런 딸이 예쁘다고 웃고 있다.

우리가 말을 하면서 내가 행복해지는 것은 쉽다. 내가 하고 싶은 말을 다 해버리면 속도 시원하고 그에 따라 행복감도 느낀다. 하지만 대화에서 나의 행복은 상대로부터 느껴야 한다. 내가 상대에게 행복을 줄 수 있는 말을 할 때 그 행복은 메아리가 되어 나에게 돌아온다. 예전 아버지께서 백 원과 바꾸신 행복처럼, 내가 지금 오백 원과 바꾸는 행복처럼 말이다.

행복지수를 올릴 수 있는 말은 유창하고 품위 있는 말이 아니다. 기대하지 않고 상대에게 한 좋은 말은 나에게 다시 돌아오지 않아도 상처가 되지 않지만 상대에게 바라는 말은 실망으로 돌아올 수가 있다. 나와 대화를 해줄 수 있는 당신이 있어 행복하다는 마음만으로 상대를 대하면 모두의 행복지수는 저절로 올라갈 것이다.

말재주는 없지만 할 말 다하는 사람들의 비밀

04

청중들은
아이컨택을 원한다

청중들과 눈을 마주쳐야 한다는 것은 모두가 아는 사실이다. 나는 먼저 가장 쉽게 눈 마주치는 법을 소개하고 이야기를 이어가겠다. 발표를 하기 전이나 강연을 위해서 무대에 오르기 전에 우리는 옆에서 소개할 때까지 대기를 하게 된다. 그때 자연스럽게 청중들을 보면 그 많은 사람 중에 무대 가까이에서 얼굴에 미소를 짓고 있는 사람이 틀림없이 있을 것이다.

여러 명 앞에서 말을 할 때도 한 명과 대화하는 느낌을 가져야 한다. 그럼 그중 대표 되는 사람이 바로 그 웃고 있는 사람이다. 미소 짓는 사람 중에 부정적인 마인드를 가진 사람은 거의 없고 물으면 답을 안 하는 사람도 거의 없다.

좀 더 정확하게 말하자면 발표를 하기 위해 무대 옆에 대기를 하고 있는 상황에서 나는 관객 속의 누군가를 벌써 컨택을 하고 있다. 그리고 무대 중앙으로 나가면서 그 사람과 대화를 하면서 나가면 다른 사람들은 자신들과 대화를 하는 느낌을 받게 된다. 그러는 가운데 나는 또 다른 대상을 찾으면서 말을 이어나가고 그렇게 객석 속에 있는 누군가와 계속해서 눈을 마주치면서 대화를 시도한다. 질문을 하지 않는 이상 내 눈을 피하는 사람은 없다. 긍정이든 부정이든 눈빛으로 대답도 다 해준다. 이때 나의 시선은 처음에 눈을 마주친 사람에서 그 다음 사람으로 넘어갈 때 끊어서 넘어가는 것이 아니라 연결해서 넘어가야 한다.

무슨 말인가 하면 처음에 눈을 마주치면서 대화를 하다가 다음 쳐다볼 사람이 선택되었다면 갑자기 몸과 눈빛을 그 사람에게 보내는 것이 아니라 시선은 처음의 사람에게 있고 몸은 그다음 사람 쪽으로 방향 전환을 한 다음 시선이 따라가는 것이다. 그렇게 해야지만 처음의 그 사람의 시선은 나에게 머물러 있다.

말로 설명하면 복잡한 것 같지만 내가 객석에 있다 생각을 해보면 이해가 될 것이다. 앞에서 발표하는 사람이 객석에 있는 나와 시선을 마주치면서 대화를 하다가 갑자기 반대쪽으로 고개를 돌려버리면 나는 집중하고 있었는데 순간 블랙다운 같은 느낌을 받게 된다. 그래도 계속 발표자를 집중하고 있지만 좀 전 나에게 주던 시선은 다시 오지 않는다고 생각하면 나는 그냥 누군가 앞에서 말하는 정보만 듣는 것이 된다. 어떤 사람은 어떻게 그 많은 사람들을 모두 볼 수 있느냐고 하겠지만 앞에 나가면 전부 다 보인다. 수 백 명이 있어도 한 사람 한 사람의 행동과 표정이 모두 보인다.

지자체에서 주관하는 축제를 진행하다 보면 가끔 본인을 쳐다보지 않았다며 서운하다고 말하는 청중을 만날 때가 있다. 특히 무대에서 선물을 주는 프로그램이 있다면 사람들의 눈빛은 반짝이기 시작한다. 그리고 어떻게서든 나와 눈을 마주치기 위해서 왼쪽 오른쪽 뛰어다니는 사람도 있다. 실제로 MC들이 선물을 나누어줄 때도 눈을 마주친 사람에게 더 주게 된다. 어떤 때는 눈을 통해서 간절함을 느낄 때도 있다. 그러다 선물을 받지 못한 분들 중 무대 옆으로 와서 "왜 나는 안쳐다 봐주세요."라고 하는 사람도 있다. 나는 그 사람이 뭘 하고 있었는지 앞에서 다 보고 있었는데 그 사람은 나와 눈이 마주치지 않았기 때문에 자신을 쳐다보지 않은 걸로 느끼는 거였다.

콘서트 장에서 만난 연예인과 관객들은 더 절실하다. 눈을 한번만 마주쳐도 옆에 친구를 마구 때리면서 자기를 쳐다봤다고 난리다. 사실 눈 한 번 마주친 것은 아무것도 아닌데 아이컨택의 위력을 알 수 있는 부분이다. 나는 가족과 함께 영화 시사회에 갔었다. 스크린 앞에는 이병헌 씨를 비롯한 감독과 배우들이 나와서 인사를 하고 객석에 있는 사람들에게 싸인이 된 포스터를 선물하는 시간이었다. 내가 행사를 하면서 가족들을 많이 데리고 다녀서 연예인에게 적응될 만도 한데 아내와 딸은 주연 이병헌이 자신과 눈을 마주쳤다고 난리도 아니었다.

당연히 소리 지르면서 엄마와 딸이 일어나 있었으니 싸인 포스터는 획득을 했다. 나는 집에 오는 동안 그 상황에 대해 말하면서 둘을 놀렸다. 하지만 아내와 딸은 주인공 이병헌이 자신들을 보면서 미소 지었다는 것이었다. 나는 그때 아이컨택의 힘을 한 번 더 느꼈다.

공자는 사람의 행동을 많이 보았고 맹자는 그 사람의 말과 눈빛을 보았다고 한다. 사람이기 때문에 심리적 변화가 있고 그래서 그것을 상대에게 보이지 않게 또는 아닌 것처럼 할 수도 있다. 우리가 상대의 말을 들을 때는 내가 싫어하는 사람이 아니면 신뢰하면서 듣게 된다. 하지만 내가 싫어하는 사람은 진심으로 말을 하더라도 말과 눈빛이 왠지 나를 속이려는 것처럼 보이거나 자신의 이익을 위한 것처럼 느낄 때가 있다. 눈은 마음의 창이라고 한다. 그래서 장화 신은 고양이가 선한 눈빛을 해서 사람을 홀린 후 자신의 몫을 챙기는 것처럼 우리는 상대의 눈을 보면서 말을 하기 때문에 나의 눈빛은 선한 눈빛으로 만들어야 한다.

사회를 볼 때나 대화를 할 때, 상대와 눈을 마주쳐야 한다.
내 마음은 내 눈을 통해서 상대방에게 전달되기 때문이다.

운동을 많이 한 사람들의 눈빛을 보면 매섭다는 말을 자주한다. 특히 눈이 빨라야 하는 권투나 검도 같은 운동은 상대를 날카롭게 주시하기 때문에 수련한 사람들은 오해를 많이 받는다. 나 또한 두 가지 운동을 모두 했었기 때문에 그냥 사람을 쳐다볼 때는 내가 의식하고 보기 때문에 괜찮지만 무의식적으로 고개를 돌리면서 쳐다보면 눈매가 날카롭다는 말을 가끔 듣는다. 사실 나는 상당히 부드러운 남자다.

눈동자에는 그 사람의 마음이 그대로 나타난다. 부모님들이 아이들이 거짓말을 하면 바로 알아차리는 것은 아이들의 눈에서 다 보이기 때문이다. 더 순진한 아이들은 표정과 행동에서도 나타난다. 우리 집 아이들도 눈빛을 통해서 벌써 사실을 다 말했는데 아니라고 발뺌을 하면 나는 바르게 말할 때까지 물어본다. 항상 하는 말이 아빠는 귀신이지 싶다는 말을 하는데 난 그냥 다 보인다고만 말한다. 이제는 아이들에게 눈빛에 생기가 있어야 한다고 말한다. 요즘 청소년들은 컴퓨터에 스마트폰을 많이 하기 때문에 눈빛에 생기가 없다. 그렇지 않아도 사춘기가 되면 대답을 짧게 하는데 눈빛마저 영혼 없는 눈빛으로 그렇게 대답하면 대화 단절이 되고 만다.

그래서 억지로라도 아침에 일어나면 눈 운동을 하고 거울을 볼 때 다섯 가지 표정 연습만 매일 습관화하라고 말한다. 나는 습관 전문가가 되

말재주는 없지만 할 말 다하는 사람들의 비밀

기 위해서 습관과 의식 그리고 자기계발에 관련된 책들을 많이 읽고 있다. 우리의 말과 행동 모든 것이 습관에서 오는 것이고 그 습관은 작은 반복에서 오게 된다. 우리가 가정에서 아이들과 눈을 마주치며 말할 때 부모님은 부담을 느끼지 않지만 아이들은 부담될 수도 있다. 특히 자존감이 떨어져 있는 아이라면 무슨 말을 잘못하면 혼나지나 않을까라는 부정적인 생각을 먼저 하다 보면 눈을 피하고 말하거나 말 자체를 짧게 해버린다.

회사에서 회의 시간에 상사와 대화하는 느낌과 비슷할 수도 있다. 최대한 내 눈빛이 편안해야 아이들이 편하게 받아들일 것이다. 부모의 생각이 연령을 낮추면 아이들의 생각이라고 보면 된다. 같은 유전자에서 진화된 생각은 나올 수 있어도 근본은 같기 때문이다. 자식이니까 이해하겠지라는 부모님의 생각은 아이들도 내 부모님은 알아주시겠지 라는 마음과 같은 것이다.

우리는 상대방과의 감정의 연결고리를 만들어야 한다. 그러기 위한 방법들 중 가장 쉽게 할 수 있는 것이 말이다. 말로써 상대와 접속을 시도하고 눈빛으로 상대의 마음을 읽어나가면서 공감대를 형성하는 것이다. 진정으로 말을 잘하기 위해서는 나의 바른 말하기 습관과 단정한 자세 그리고 나의 마음이 내 눈을 통해서 상대방이 알게 된다는 것을 명심하고 항상 밝은 눈빛을 만드는 습관을 가져야 한다. 또한 말로 설득하기 전에 눈빛으로 먼저 상대방의 마음을 읽고 말을 하는 것이 성공적인 대화를 할 수 있는 길이다.

05

꾸며서 말하지 말고
있는 그대로 말하라

말은 대상과 장소 그리고 목적에 따라 그 방법이 달라진다. 백화점에 옷을 사러 가보면 입는 옷마다 점원은 다 잘 어울린다고 한다. 특히 결정 장애가 있는 사람들은 이렇게 옆에서 누군가가 부채질하면 더 헷갈려 한다. 그러면 고르는데 시간이 많이 걸리거나 아니면 더 빨리 사게 된다.

간혹 손님을 호구라 생각하고 있는 그대로 말하지 않고 듣기 좋은 말로 손님을 현혹하는 점원들도 있다. 사람은 그게 진심이 아닌 것을 알더라도 기분 좋아하고 옷을 구입하게 된다. 그런데 그 구입한 옷을 입고 모임에 나가서 만나는 사람들 중 누군가가 나와 잘 어울리지 않는다거나 디자인이 이상하다는 말을 듣는다면 고민을 하게 된다. 다음에 다시 그 옷을 입을 때도 그때 그 말이 귓가에 맴돌고 옷을 입지 않게 된다.

나는 실제로 백화점에서 구입한 옷들 중 옷장에 두기만 하고 입지 못한 옷들이 있다. 이것들은 달콤한 말에 현혹되어 샀다가 돈이 아까워 한두 번 입고 적응이 안 되어서 걸어둔 것들이다. 색상이 화려하고 비싼 초록 자켓을 입고 나갔는데 농담이겠지만 배추벌레 색깔이라고 누가 말하는 바람에 그 옷을 볼 때마다 배추가 생각난다. 또 한정판이고 구입한 사람이 잘 없어 매력 있다고 하는 말에 입고 진행을 하는데 무대에 나온 사람이 똑같은 자켓을 입고 와서 관객들에게 웃음을 선물한 적도 있다. 문제는 그것만이 아니었다. 옷의 재질도 관리하기 힘든 면과 마 소재가 섞여 있어 구김도 많고 관리하기가 너무 힘든 것이었다. 그 후 백화점에 가면 그 매장은 쳐다보지도 않게 되었다.

말을 할 때 꾸며서 하는 장소는 아마도 장사하는 곳이 아닌가 싶다. '손해보고 판다', '마지막 세일이다', '사장님이 망했어요', '우리 집이 원조예요' 등 광고성 멘트들이 즐비하다. 소비자들은 이제 광고 글이라는 것을 알고 있다. 실제로는 '장사는 절대 손해보지 않고', '일년내내 세일하고', '사장님은 그렇게 팔아서 잘살고 있고', '상점이 즐비한 골목 전체가 원조'인 것이다. 어디를 가도 들을 수 있는 '이 가격에 팔면 안 되는데…'라는 말은 '원래 이 가격에 팔던 거였어요.'라는 말로 들린다.

말을 꾸며서 한다는 것은 내용을 속이는 것이 아니라 내가 할 말의 전체적인 형태를 꾸며야 하는 것이다. 말을 할 때 기본적인 틀을 잡고 그 안에서 효과적으로 꾸며나가야 한다.

발표를 예로 들면 주제를 먼저 말하고 목차, 내용, 예시, 내용, 결론 이런 형태가 나는 편하다. 이런 과정은 사람마다 다르겠지만 딱딱한 발표보다는 꾸미면서 말할 수 있는 구조를 만들어두는 것이다. 자기소개를 할 때도 말을 할 순서만 잡혀 있다면 긴장할 일이 전혀 없다. 시작과 끝이 중요하고 중간 과정은 꾸며서 말할 부분들이기 때문에 얼마든지 조절을 할 수 있다. 백화점 점원이 나에게 옷을 팔 때처럼 청중들이 들어도 기분 좋고 호감이 갈 수 있는 말을 하면 되는 것이다.

말을 적당히 한다는 것은 상당히 어렵다. 자기소개를 할 때도 나가기 전에는 무슨 말을 할까 고민을 하고 할 말이 없다고 생각을 한다. 막상 앞에 나가면 그렇지 않다. 주어진 시간이 1분인데 계속해서 말이 꼬리에 꼬리를 물고 나온다. 자기통제를 하지 못하면 말을 효과적으로 꾸미지 못하고 횡설수설하게 된다. 같은 말이라도 표현을 아주 잘하는 사람들이 있다. 그런 사람들은 일부러 그 타이밍에 그렇게 말하기 위해서 준비해오지 않는다. 책을 읽거나 영화를 보고 멋진 사람과의 대화에서 보고 들은 내용을 자기 것으로 만드는데 습관이 되어 있다. 이런 사람들은 여러 사람이 모인 자리에서 누군가를 말을 할 때도 말의 꾸밈을 상대방이 듣기 좋게 꾸며서 말을 한다. 이렇게 말을 하면 다소 과장되어 있는 말이라도 듣는 사람들은 당사자 앞에서 말하기 때문에 사실인 줄 알고 그 말의 주인공은 본인의 칭찬을 하는 것이라 감사히 받아들인다.

　꾸민다는 것은 같은 말을 좀 더 품위 있게 한다는 의미와 아닌 것을 맞는 것처럼 꾸미는 거짓이 있다. 어려서부터 정직하게 살아야 하고 착하게 살아야 한다고 배웠다. 그런데 이렇게 살면 당하면서 살아야 한다. 주변에 돈 빌려주고 못 받은 사람 말로 상처받은 사람 항상 뒷담화의 오르는 사람들을 보면 거의 다 착한 사람들뿐이다. 실컷 해주고 욕먹는 스타일들이 많다. 그래도 자기는 괜찮다고 말한다. 이런 사람들을 힘들게 하는 인간들은 대부분 필요할 때 접근했다가 목적을 달성하고 난 후에는 그럴듯하게 말을 꾸며서 궁지에 몰아버린다. 하지만 꾸며진 말들은 시간이 지나면 원래대로 돌아오게 된다. 당한 사람은 마음의 상처를 입게 된다. 세상은 정직하고 착하게 살아야 하는 것이 맞다. 하지만 명석하면서 정직하고 착해야 한다.

　요즘 아이들은 보고 배우는 것이 많아서 말을 엄청나게 잘한다. 어른들과 말을 해도 전혀 손색이 없을 정도로 언어 능력이 뛰어나다. SNS의 발달로 비속어를 사용하는 아이들도 늘어나고 있다. 너무 많은 비속어가 쏟아져나오다 보니 어른들도 따라서 사용하는 사람들이 있다. 아직은 아이들과 함께 생활하면서 그냥 사용한다고 하지만 이런 비속어들도 진화를 해서 다음 세대 그 다음 세대로 넘어가면 우리는 영어 공부보다 비속어 공부를 하여야 한다. 어린 시절 잘못을 해서 어른들에게 야단을 맞으면 잘못을 빌고 반성을 했는데 요즘은 잘못한 점을 지적하면 왜 그렇게 했는지를 말하면서 잘못되었더라도 어쩔 수 없다는 식이다. 요즘은 어른들이 말을 시킨다고 부끄러워하는 아이들은 잘 없다. 하지만 젊은 세대는 실버 세대와의 대화를 싫어한다. 비속어 중에서도 좋지 않은 것들이 많다. 나는 그중 "꼰대"라는 말이 그렇게 듣기 싫다. 이 단어 하나로 아예 '당신들의 말은 쓸데없는 겁니다'로 난 해석된다. 전문가들은 인구 절벽이 온다고 하는데 그것보다 소통의 단절이 먼저 올 판이다. 비속어가 갑자기 생겨나지는 않았다. 우리가 학창 시절에도 비속어를 사용했었지만 그때는 어른들의 눈치를 보면서 사용을 했었고 아이들이 말실수를 하면 지적을 하던 때였다.

하지만 지금은 다르다. 시대가 빠르게 변하고 있다. 전 세계의 통계 자료를 내 손 안에서 쉽게 알 수 있는 시대이다. 아날로그 시대의 감성을 잃어버리는 순간 젊은 세대와 실버 세대는 어울리지 못 하게 될 것이다. 연세가 지긋하신 분들 중 스마트폰을 활용하시고 문자에 이모티콘을 활용하시는 분들도 계시다. 아마 이분들은 모임에 나가시면 아이돌처럼 대접 받으실 것이다. 문제는 그렇지 못한 분들이다. 아이들은 자신만의 공간에서 대화를 하지 않고도 스마트폰 하나로 시간을 보내지만 이분들은 할 수 있는 것이 없다. 배우고 싶어도 엄두를 내지 못하는 것이 현실이다. 이분들은 멋있는 말보다 함께 이야기할 사람들이 더 필요하다.

요즘 아이들은 자기 표현력이 뛰어나다. 그래서 좋고 나쁜 감정을 바로 표현한다. 하지만 어른들은 자신의 감정을 숨기면서 다른 사람들에게 피해를 주지 않으려고 한다. 이런 차이점들을 줄여나가야 된다. 시대적 문화의 교류를 함으로써 젊은 세대는 아날로그적 감수성을 느끼고 실버 세대는 사회로부터 소외감을 느끼지 않을 것이다.

공자는 제자들에게 가르침을 전할 때 제자들의 성격과 수준에 맞추어 말을 했다고 한다. 우리가 상대에게 말을 할 때 내말의 수준을 높이기 위해 전문용어나 외국어로 꾸민다든지 불필요한 말들을 많이 붙여서 한다면 그 말에 핵심을 잃게 될 것이다.

공자처럼 상대의 수준과 성격을 파악하고 때로는 수준에 맞추어 조금씩 꾸미기도 하고 어떤 때는 꾸며서 해야 할 말도 더 쉽게 풀어서 해야 할 것이다.

말은 상대방을 이해시키고 내 마음을 전하는 소통의 도구이기 때문이다.

06

개성 있는 말하기를
연습하라

사람들의 말하기 방식은 다양하다. 개성 있게 말하는 사람, 논리 정연하게 말하는 사람, 횡설수설하는 사람 등 듣는 사람은 감동도 받고 이해를 못하는 경우도 있지만 어쨌든 말하는 사람은 자신이 할 말은 하고 있다는 것이다. 내가 듣는 입장에서 보면 횡설수설하는 사람에게는 호감도 가지 않을 뿐더러 말의 내용도 알아듣지 못하기 때문에 제일 힘든 상대라 할 수 있다. 이런 사람과의 대화는 내가 중심을 잡고 필요한 것만 체크해가면서 들어야 한다. 아이들이 말을 할 때 이런 경우가 많은데 결론만 들으면 제일 속 편하다.

논리 정연한 사람과 대화를 하면 그날 무언가 배운 듯한 느낌을 받는다. 정확한 내용을 전달받기 때문에 듣는 동안 긴장해서 내용을 놓치지 않기 위해 집중을 해야 한다. 사람은 외모도 개성 있는 사람이 기억되듯이 말도 개성 있게 하는 사람이 멋져 보이고 오래 기억에 남는다.

개성 있는 말하기를 하는 사람들은 항상 부러움의 대상이 된다. 개성 있는 말하기는 자기소개 때부터 다르다. 간단하게 말하는 것 같은데 듣고 나면 호감이 간다. 간혹 멋진 명대사를 말하기도 하고 처음 만나는 자리지만 그렇지 않은 느낌을 들게 한다.

공식 행사를 진행하면 참석 내빈들의 인사말과 축사를 듣는 순서가 있다. 그날 행사에 관련된 주제로 자신의 느낌을 말하기 때문에 누가 나와도 내용은 비슷하다. 하지만 인사말을 원고도 없이 개성 있게 하는 사람들이 있다. 평소 말 주머니를 두둑하게 채워놓아서인지 그때 상황에 맞추어 아주 멋진 말들만 쏟아낸다. 앞에 인사말을 했던 사람들과도 비교가 될 정도이다. 간혹 이런 사람 뒤에 나오는 사람들은 그 사람을 칭찬하는 말부터 한다. 앞에서 너무 말을 잘해주셨다고 하면서 본인의 말을 이어나간다. 개성 있다는 것은 좋은 의미로는 특별하고 멋있다로 말할 수 있고 살짝 부정적으로 말하면 독특하다고 말할 수 있다.

나는 개성 있게 말하는 사람은 품격 있게 말하고 말한 것을 실천하는 사람이라고 확대해서 생각한다. 어떤 사람은 재미있게 말하는 것을 개성 있다고 할 수 있겠지만 말이라는 것이 하기는 쉬워도 행동으로 실천하기는 쉽지 않다. 품위 있게 말하는 사람들은 말은 아끼면서 본인이 지킬 수 있는 말만 한다. 품위 있는 말을 하는 사람들은 상대가 알아주기를 바라지 않고 자신이 한말을 실천을 함으로써 상대가 저절로 인정을 해준다. 세상에서 제일 참기 힘든 것이 말이라 생각한다. 개성 있게 말하는 사람들을 참기 힘든 말하기를 잘 조절해가면서 말을 한다. 이런 사람들은 상대에게 구체적으로 설명하지 않고 상대가 생각하게 말을 한다. 말하기를 직업으로 가진 사람들은 구체적 설명이나 예시를 들어서 말을 하지만 품격 있게 말하는 사람들은 추상적으로 표현하는 경우가 많다.

논리적으로 말하는 사람들은 오해를 받는 경우도 있다. 이것저것 따져가면서 정확한 근거에 의해 말하기 때문이다. 어떤 사람은 잘난 척한다고 말하는 사람도 있고 따지고 든다고 하는 사람도 있다.

논리적으로 말한다고 해서 따지는 것이 아니다. 이런 사람들은 적장한 자기만의 방법으로 자신의 의견을 표현하는 것뿐이다. 사람은 상대가 나보다 말을 많이 하는 것을 좋아하지 않는다. 만약 내가 상대보다 더 말을 많이 하겠다고 하면 말을 논리적으로 하면 된다. 대화의 내용을 확실하게 정리한 다음 나의 주장과 근거를 확실하게 준비한다면 상대방은 나의 논리에 반박할 수가 없다. 혹시 반박을 한다 하더라도 이내 포기할 것이다.

대화는 상대와 공감대 형성이 이루어지면서 하는 것이다. 그래서 상대의 수준을 고려해서 말을 하여야 한다. 그러기 위해서는 내가 말하기 고수가 되어 있어야 전체적인 수준을 조절할 수 있다. 개성 있는 말하기라고 해서 말을 잘하는 것만은 아니다. 개성 있다는 표현이 긍정적인 부분도 있지만 그렇지 않고 살짝 비꼬는 부분도 있다. 만약 상대방이 말할 때마다 설교하듯 자신의 이야기를 장황하게 늘어놓고 자기 자랑을 계속한다면 우리는 돌아서서 정말 개성 있다고 말할 것이다. 말을 길게 하는 사람들은 생각이 없어서가 아니라 생각이 많아서 말할 소재가 많은 것인데 정리를 못하기 때문에 개성 있는 사람이 되어버린다. 여기서 개성 있다는 말은 스타일이 독특하다는 의미도 사용된다.

말을 할 때 감성적인 말을 하는 사람들이 있다. 시적 표현을 많이 사용하고 음악을 즐겨듣는 사람들이다. 말은 마음의 표현이기에 감수성이 풍부한 사람들과 대화를 하면 마음이 편해진다. 이런 사람들은 말을 많이 하지 않고 아낀다. 말을 많이 하지 않으면서도 자신의 표현을 다할 수 있는 사람은 품격이 높아 보인다. 쓸데없는 말을 많이 하면서 말을 잘하는 것처럼 보이려는 사람과는 비교할 수도 없다. 말을 할 때 사자성어나 역사를 예로 들어 말하는 사람들이 있다. 관심이 없는 사람은 사자성어를 말하면 그 뜻을 몰라 다시 한 번 더 물어봐야 하거나 그 사람이 말하는 설명을 들어주어야 한다. 또한 역사 이야기도 대중들이 알고 있는 부분이 아닌 알려지지 않은 이야기를 재미없게 한다면 듣는 사람은 다시 학생시절을 연상하게 될 것이다. 하지만 이것 또한 그 사람의 개성 있는 말하기라고 할 수 있다. 이런 개성을 꾸준히 유지하기 위해서는 좀 더 전문적이고 각색이 필요하다.

코미디언 중에 강연가로 활동하시는 분이 있다. 명심보감으로 활발한 활동을 하시는 분인데 바로 김병조 선생님이다. TV에서도 소개가 여러 번 되었다. 코미디언의 이미지를 완전히 벗어던지고 명심보감의 스타 강사가 된 것이다. 김병조 선생님의 아버님께서 한학을 가르치시던 분이라 자연스레 접하게 되셨다고 한다. 이분도 말 때문에 피해를 보신 분이다. 써준 시나리오를 그대로 읽었는데 후에 화살이 되어 돌아온 것이었다. 우리도 현장에서 시나리오대로 진행을 하고 나면 비난은 내 몫이 될 때가 있다. 사람은 내 의도와 상관없는 일로 고초를 겪으면 실의에 빠지거나 마음을 다잡는다. 명심보감처럼 의식적인 글을 많이 보셔서인지 이분은 극복하고 명심보감 명강사로 다시 태어나신 것이다. 대중들을 웃기던 직업에서 감동을 주고 가르치는 직업으로 바뀐 것이다. 코미디언들은 말을 개성 있게 하면서 유행어를 만들어낸다. 짧은 유행어 하나를 만들기 위해서 엄청난 연습을 하는 사람들이다.

말재주가 없는 사람들은 대중들 앞에서 말하는 것에 트라우마가 있다.

어떤 사람들은 무대 공포증이라고 한다. 대중들 앞에 나가면 박수를 받을 수 있는데 자신의 복을 밀어내는 것이다. 내가 떨고 있는 것이지 청중들이 떨고 있는 것이 아니다. 반대로 내가 시험 감독관으로 앞에 나가있다면 앞에 앉아 있는 사람들이 긴장하고 떨고 있을 것이다.

그중에서도 열심히 공부한 사람은 만점의 각오를 하고 앉아 있을 것이고 공부를 열심히 하지 않은 사람은 쉬운 문제가 나오기를 초조하게 기다리고 있을 것이다. 앞에서 말을 할 때 내 말을 청중들이 어떻게 들어줄까를 말하는 사람이 먼저 생각하고 있다는 것은 연습이 부족해서이다. 세상에서 제일 쉬운 게 말하기다. 단어 한두 개만 말해도 상대는 알아듣는다. 영어도 마찬가지이다. 평소 외국인을 만났을 때 말을 잘해야겠다는 생각을 하고 피나는 연습을 해야 실전에서 유창하게 나오는 것이다.

지식은 별로 없는데 잘 하는 것처럼 보이려고 하다 보니 말도 아니고 글도 아닌 것이 되어버린다. 외국인들도 단어 몇 개만 말하면 모두 알아듣는다. 영어를 네이티브 수준으로 할 것이 아니면 고민할 필요가 없다. 개성 있는 말하기는 재미난 것을 준비해서 말하는 것이 아니라 상대가 느끼는 나의 말하기 습관인 것이다. 성격이 급한 사람은 말도 급하게 하고 반대로 느린 사람은 말하기도 천천히 한다. 내 성격은 내가 제일 잘 알기 때문에 거기에 맞는 말하기 연습을 하면 되는 것이다. 말하기가 쉽

말재주는 없지만 할 말 다하는 사람들의 비밀

다는 것은 그만큼 실수도 많다는 말이다. 책 읽기와 글쓰기로 나는 나의 새로운 스타일을 만들어가고 있다. 반복적인 연습으로 개성 있는 말하기를 만들어보라.

07

말투를 바꾸면
사람이 달라 보인다

학창 시절 어른들에게 자주 듣던 말이 '넌 말투가 왜 그래'였다. 이때는 친구들과 어울려 다니면서 공부는 하지 않고 신나게 놀고만 싶었다. 하지만 현실은 놀다가도 집에 가서 숙제하고 다음날 일찍 일어나서 학교 가야 했기 때문에 당연히 귀찮고 짜증났었다. 나는 말투가 군대 가기 전까지는 상당히 무뚝뚝했었다. 주변 사람들도 대부분 그러했고 어울리는 친구들도 말투가 좋은 친구들은 찾기 힘들었다. 방학 때 아르바이트를 하면 일당을 많이 준다는 이유로 건설 현장에 가서 일을 했다. 건설 현장도 사람들이 사용하는 말을 들어보면 부드럽지는 않다. 고3 때 체육학과에 진학을 하기 위해서 운동부 친구들과 오전 수업이 끝나면 지원할 대학에 가서 실기 연습으로 운동만 했었다. 운동 특기생인 친구들의 말투도 좋지는 않았다. 진학을 실패하고 나는 대학교에 관심이 없어 방황하는 시기가 있었는데 예전에는 동네에서 알아주는 주먹들이 석유와 얼음 장사를 다했었다. 눈치가 빠르고 행동이 빨랐던 나는 의형제처럼 지내던 형님들과 그 일을 하게 되었다. '직업에 귀천이 없다는 말'을 위안 삼아 일을 했었다. 부모님께도 말씀드리고 한 일이라 공부보다는 훨씬 재미있었다. 그렇게 1년 여 시간을 보낸 후 나는 나의 말투가 이상해졌다는 것을 느낄 수 있었다. 짧고 화난 듯한 말투가 되었던 것이다. 나는 이 느낌을 같이 있던 형님께 말을 했다. 평소 그 형님은 내가 나쁜 길로 빠지는 것을 원하지 않으셨기 때문에 다른 길을 찾아보자고 했다. 신문에서 레크리에이션 강습회 광고를 보고 형님이 직접 신청을 했다.

나의 말투는 이때부터 바뀌기 시작한다. 그때 당시 나와 함께 강의를 들었던 사람들은 현재 대학교수가 되어 있고 대기업이나 사업을 하는 사람들이 대부분이다. 나는 생전 처음 강의라는 것을 들어본 탓에 첫날 자기소개를 하는데 뭘 어떻게 할지를 몰라서 앞 사람들이 하는 것을 그대로 들었다가 써먹었다. 그때까지 내가 알고 있던 사람들과 스타일이 정반대인 사람들의 모임이었다. 강의가 끝나면 그 형님은 항상 차로 나를 기다리고 있었다. 그리고는 어땠는지 물어보곤 했다. 내가 웃으면서 그날 있었던 일을 이야기해주면 그 형님은 '이게 앞으로 너의 천직인 것 같다.'라고 말했었다. 몇 주의 강의가 끝이 나고 나는 배운 것을 써먹어야

겠다고 말하자 그 형님은 시내 나이트클럽에 담당자들에게 말을 해서 내가 진행을 할 수 있도록 하였다. 그 당시는 대학 신입생 페스티발을 나이트를 빌려 많이 했었기 때문에 기회는 많았다. 환경이 바뀌니까 표정과 행동, 말투까지 모든 것이 바뀌고 있었다. 나의 말투는 이렇게 우연인 것 같지만 필연적으로 바뀌게 되었다.

그 후 강의를 같이 들었던 사람들과 만나면 처음 나를 보았을 때는 무서워서 말을 걸 수가 없었다고 말을 했다. 하지만 바뀐 내 모습에서는 그때를 볼 수가 없다고 말했다. 지금 생각하면 정말 운명인 것 같다. 나는 바른 말과 행동을 하고 싶었고 TV를 봐도 항상 그런 모습만 보았다. 그 후 나는 대학을 진학하게 되는데 이유는 대학 행사를 하려면 대학생들의 생활을 알아야 했기 때문에 직업과는 전혀 상관없는 전공을 하게 되었다. 사람은 상상을 하면 그 방향으로 나아가게 된다. 지금 생각해보면 내가 이룬 모든 것들이 내 마음속에 있던 것들이었다. 나의 말투와 행동이 바뀌었다 해도 경상도 특유의 무뚝뚝함은 남아 있었다. MC들 사이에는 경상도에서 진행을 잘하면 전국 어디를 가도 잘할 수 있다고 말한다. 지금은 SNS와 미디어의 발달로 많이 좋아지긴 했지만 지역에서 강연이나 행사를 가보면 묵직한 에너지가 느껴진다. 나는 이런 곳에서 시작을 했고 단련이 되어 있기 때문에 어디를 가도 힘들다는 생각을 해보지 않았다.

말재주는 없지만 할 말 다하는 사람들의 비밀

나의 투박하고 가부장적인 말투는 짧은 외국 생활을 하고 난후 달라졌다.

인간은 어디를 가나 적응하면서 살아간다. 아는 사람 하나 없는 호주에서 처음에는 이웃을 사귀고 시간이 지나면서 이민 와서 살고 있는 한인들도 많이 알게 되었다. 현지에 살고 있는 한인들은 한국에 있을 때 자신의 출신 지역별 커뮤니티가 잘 형성되어 있었다. 향우회 같은 단체들이다. 타국이다 보니 지역감정이라든지 사투리에 대한 개념은 신경 쓰지 않았다. 나는 어릴 때부터 가부장적인 집안에서 모든 것을 보고 자랐는데 그곳에 이민 와서 사는 사람들은 전혀 그런 것을 느낄 수가 없었다. 남자가 할 일과 여자가 할 일이 정해진 것이 아니라 할 수 있는 사람이 하는 것이다. 내가 만난 경상도 남자들 중 부드럽고 상냥한 경상도 남자들은 모두 그곳에 모여 있었다.

아마 그 사람들도 처음에는 나와 같은 마음이었을 것이다. 오랜 시간 타국 생활을 잘 이겨내기 위해서 필요 없는 고집들은 내려놓았던 것이다. 우리나라처럼 남자가 소파에 누워 하루 종일 채널을 돌리는 사람은 없다. 내가 살았던 곳은 주변에 한인들이 없어서 현지인들의 생활만 볼 수 있었는데 호주 남자들은 직장에서 일하고 집에 와서는 집안일도 하지만 불만 섞인 말을 하는 것을 본 적이 없다. 나는 학교 다녀오는 것 외에 하는 것은 별로 없었지만 집에 들어오면 소파에서 TV만 보고 있곤 했다.

아내가 뭐라고 하면 영어 공부 중이라는 핑계를 대고 하루 종일 누워 빈둥댔다. 그러다 이웃에서 잔디 깎는 소리가 나면 나도 억지로 기계를 밀고 들어와서는 생색을 내던 그런 사람이었다.

그러던 내가 주변 환경에 의해서 서서히 바뀌기 시작한 것이었다. 학생으로 아내와 갔었기 때문에 일을 할 수 없었지만 일을 할 수 있는 서류를 이민성에서 받아 청소 일을 시작했다. 호주는 아무에게나 일을 주지 않는다. 어렵게 구한 일이라 열심히 했지만 중간 딜러가 돈을 떼먹어버렸다. 유학생들에게 이런 경우는 허다했었다. 아내는 나에게 힘든 일을 하지 말라고 했었다.

그때는 집도 렌트하고 차도 구입해서 생활했었기 때문에 다른 사람들은 내가 시민권자인 줄 알았다. 아무 일도 하지 않기는 시간이 아까워서 한인 단체를 찾아가 나를 소개했었고 한국에서는 MC가 직업이었다고 말했다. 그러던 중 나에게 기회가 왔고 대부분의 한인들이 모인 자리에서 내가 마이크를 잡고 신세계를 보여주었다. 그 소문이 퍼져서 모든 한인 단체에서 행사가 있을 때 섭외를 하게 되었고 알아보는 사람들이 많아지면서 호주 생활이 아주 재미있어지게 되었다. 길을 걸어가도 한인들이 많은 곳을 지나면 어김없이 누군가 커피를 들고 와서 아는 척 해주었다. 그렇게 사람들과 어울리다 보니 나의 태도와 습관이 변해 있었다.

말재주는 없지만 할 말 다하는 사람들의 비밀

세월이 많이 지났지만 아직도 연락하는 사람들이 많이 있고 항상 그리운 곳이다. 나는 호주 생활 이후 성격과 습관이 완전히 달라졌다. 지금도 아침에 일어나면 창문을 열고 청소를 먼저 한다. 그리고 아이들을 깨워 아침을 챙겨먹고 아침잠 많은 아내는 스스로 일어날 때까지 깨우지 않는다. 아내의 바이오리듬에 맞추어져 있는 것을 내가 바꾸려고 하면 안 되는 것이다.

아직도 퇴근 후 집에 들어와서 소파에 뒹구는 남편들은 세상이 바뀌었으니 변화하라고 하고 싶다. 집안일을 남자가 해보면 처음에는 어색해도 별로 힘들지 않게 할 수 있다. 하다 보면 여자가 하기에는 힘들겠다는 것들도 있다. 조물주는 여자는 가정을 위해서 현명한 판단을 하는 존재로 남자는 그런 여자를 지켜내는 존재로 만든 것 같다. 우리가 흔히 하는 말로 '아내 말 들으면 집안이 평화롭다'고 하는 말은 진리인 것 같다.

남자들은 내가 하는 말이 못마땅해서 바보라고 하겠지만 해보지 않았으면 말을 하면 안 된다. 코로나 때문에 많은 사람들이 민감해져 있는 시기이다. 나는 힘든 시기에 나의 행동과 말투를 바꾸기 쉽다고 생각한다. 모두가 짜증내는 목소리를 낼 때 나는 긍정의 한마디를 던지고 좌절하는 사람이 있다면 희망의 말을 해줄 수 있는 시기이기 때문이다. 모두가 편안하고 즐거울 때는 굳이 내가 나설 필요가 없지만 이런 시기에는 내 감정은 안으로 삭히고 상대를 더 배려하는 말투를 사용해야 하겠다. 그렇게 하면 내가 누군가에게 알아달라고 하지 않아도 사람들의 느낌으로 나의 이미지는 좋은 사람이라고 느끼게 된다.

08

부드러운 말로
정확하게 하라

　세상에서 말로 할 수 없는 것은 없다. 초라함에서부터 가장 화려한 것까지 말로는 모두 할 수 있다. 생전에 아버지께서는 우리형제들에게 약속을 지키지 못할 때마다 하신 말씀이 '말로 떡을 만들면 세상 사람들 다 먹어도 남는다.'라는 말씀을 자주하셨다. 지금 나는 아들에게 '남자는 뱉은 말은 지켜야 한다. 하는 척만 해서는 안 된다.'라고 말한다. 예전 아버지께서 그렇게 말씀하실 때는 도대체 저런 말은 왜 할까 했었는데 지금 내가 그렇게 하고 있다. 아들도 아마 그런 생각을 하지 않을까? 나는 인생을 살면서 말로 한 것은 지키면서 살아가려고 노력한다. 만약 내 능력 밖의 일을 말했다면 그것을 실천하기 위해서 더 많은 노력을 기울인다. 지금 하고 있는 책 쓰기도 마찬가지이다.

25년 넘게 말을 하는 직업으로 한 우물만 파면서 인생을 보내왔다. 힘든 시간들도 있었지만 그때마다 잘 이겨내 왔고 또다시 코로나19라는 최강의 적이 나타났다. 이것은 내가 함께 생활하는 선후배들에게 올해 안에 책을 써서 인생 전반전의 추억을 남기고 후반전을 더 멋있게 살기 위한 준비하는 한해가 되겠다고 말한 후였다. 갑자기 코로나가 전 세계로 확산되면서 모든 스케줄이 취소가 되고 경제는 바닥을 쳤다. 힘들어 하는 사람들이 늘어나고 엔터테인먼트 산업은 대부분 도산이었다. 그러는 가운데 나는 이 위기를 기회로 삼겠다고 스스로 다짐을 하였다. 아이들이 예능을 하기 때문에 활동을 하지 않으면 경제적 위기감은 다른 사람의 몇 배로 느껴졌다.

　많은 부담을 안고 내가 했던 말을 지키기 위한 준비를 하였고 아내는 경제적으로 어려워질 거라는 나의 말에 괜찮으니 사람들 앞에서 한 말은 지키라고 하였다. 그러면서 원래 책을 쓰는 사람들은 춥고 배고프고 그렇더라고 웃으면서 말을 해주었다. 나는 내심 고마울 뿐이었다. 평생 음악 공부만 한 아내여서 사회물정도 잘 모르고 자기 고집과 자존심이 강한 사람이다. 하지만 나에게만큼은 순종하는 아주 고마운 사람이다. 외모가 장인어른을 닮아 조금 강해 보일 때도 있지만 마음은 정말 순수하고 여린 사람이다. 내가 책을 쓰는데 힘이 되는 말들을 엄청나게 많이 해준다.

　말재주는 없지만 할 말 다하는 사람들의 비밀

아내와 연애 시절 내가 던진 농담 덕분에 아내가 화를 내기도 했었다. 몇 번 이해되지 않는 상황을 겪고 난 후 나는 아내가 말장난 치는 것을 좋아하지 않고 그런 말장난을 잘할 줄 모르는 것을 알게 되었다. 아내는 말을 잘 정리해서 하는 사람도 아니고 상대의 입장에서 생각하면서 말을 하는 사람도 아니었다. 하지만 나는 항상 말장난을 치려고 하고 쓸데없는 농담을 하였으니 마찰이 있을 수밖에 없었다. 사실 말은 쓸데 있고 없고가 아니다. 듣는 상대가 느끼기 나름인 것이다.

우리는 아무 생각 없이 한 말이라고 하지만 그 말이 나오기까지 부담을 가지지 않고 말을 했을 뿐이지 생각이 없지는 않았다. 다만 그 말이 내 입을 통해서 나간 후 일어나는 상황에 따라 그 말의 가치가 매겨진다. 쓸데없는 말일 수도, 명언이 될 수도 있다. 상대방의 받아들이는 감정에 따라서 내 말의 거취가 결정 나는 것이다.

이렇게 말은 말을 하는 나보다 듣는 상대방이 우선되는 것이다. 그래서 말을 할 때 내가 주인공이 아니라 상대를 주인공을 시켜놓고 나는 그 대화의 중심에서 강약을 조절하며 이끌어나가야된다. 말재주는 말을 많이 하고 적게 하고의 문제가 아니다. 상대를 얼마나 빨리 파악을 하고 내가 하는 말이 상대는 어떻게 받아들일지 빠른 파악이 되는 사람이 말재주가 있는 사람이다. 사람마다 각기 다른 말투와 표정 그리고 행동적 특징이 있다. 개인의 스타일대로 모든 것을 한다면 그보다 편한 일이 없다. 하지만 상대가 없을 때 가능한 일이다. 배려라고 하는 것은 나이 외의 사람들을 위해서 하는 것이다. 나는 전국팔도를 다니면서 일을 한다. 각 지역마다 언어의 특색이 있고 같은 지역에서로 남북으로 억양이 다르다. 듣는 입장에서는 이해하고 듣지 않으면 오해를 할 수도 있다.

경상도에서 나고 자란 내가 예전에 지역감정이라는 것이 엄청났던 전라도 광주에 일을 가끔씩 갈 때가 있었다. 사람들은 경상도 사람들이 전라도를 가거나 반대로 전라도 사람들이 경상도에 오면 마찰이 있을 것이라 생각하는데 절대 그렇지 않다. 그것은 그 지역감정을 조장해서 어딘가 이용해먹으려는 사람들이 하는 말이고 실제로는 아무런 문제가 없다.

전라도에 행사를 가면 짧게는 3일 길게는 몇 주도 머물곤 했었다. 그동안 지역 인심도 느끼고 사투리도 자연스레 습득하면서 내 편견을 없애게 되었다. 처음엔 나도 경상도 지역에서 왔다고 하면 싫어할까 봐 사투리를 하지 않으려고 애를 써봐도 상대가 먼저 알아차린다. 그때부터는 다른 사람들에게 굳이 사투리를 숨기려고 하지 않고 대신 부드럽게 말하려고 노력을 했다.

나는 부드럽게 말한다고 했는데 상대는 내가 화난 것처럼 들릴 때도

말재주는 없지만 할 말 다하는 사람들의 비밀

있다고 했다. 이것은 억양 때문이다. 어릴 때부터 경상도 네이티브였는데 그 억양을 고치기가 쉽지가 않았다. 내가 부드럽게 말을 해도 상대가 그렇게 받아들이지 못하면 그것은 부드러운 말이 되지 못하는 것이다. 말은 내 입에서 나가지만 상대방이 듣고 그 말을 판단하기 때문에 내 입에서 나가는 순간부터는 내 것이 아니게 된다. 그래서 난 바꾸기 힘든 억양을 고민하지 않고 표정과 동작으로 투박한 억양을 커버해야겠다는 생각을 했다. 사람이 화를 낼 때 웃으면서 화를 낼 수는 없다.

말투가 걱정이 된다면 표정으로 '난 당신에게 부드럽게 말하는 겁니다.'라고 시각화를 먼저 시켜준 다음 말을 하면 된다. 우리가 말을 할 때 가장 큰 실수가 편견이다. 충청도 사람들은 말도 느리고 행동도 느릴 것이다 라는 생각을 하는데 그렇지 않다. 똑같다! 성격 급한 사람은 서두르고 천하태평인 사람만 느리다. 지역에서 서울로 와서 생활하는 사람들이 많다. 사람들을 만나 대화를 나누다보면 어느 지역에서 왔는지 억양에서 알 수가 있다. 특히 경상도 지역 출신은 서울 생활을 오랫동안 하여도 억양이 남아 있다.

학창 시절 미팅을 하면 서울 출신의 친구들이 인기가 특히 더 좋았다. 옷을 깔끔하게 입고 나가도 대화를 시작하면 모든 관심은 서울말을 하는 친구가 받았다. 투박한 억양으로 말하는 것보다 부드럽고 정확한 발음으로 말하는 것이 듣기가 좋았던 것이다. 사투리를 사용하는 나는 관심을 나한테 돌리기 위해서는 상식이나 유머를 습득해야만 했었다. 간혹 직업의 특성상 사투리를 사용하면 안 되는 상황들도 있다. 그렇다고 말끝을 올려가며 서울 사람처럼 말하면 듣기가 상당히 어색해진다. 표준말은 처음에는 서울말을 표준말로 삼았지만 세월이 바뀌면서 서울에도 여러 지역 출신들이 많으니까 그 기준이 확실치 않다. 그래서 나는 누구나 편안하게 알아들을 수 있는 말이 표준말이라 생각한다. 예전에는 사투리를 사용하면 방송 출연이 힘들었지만 요즘은 알아들을 수 있는 말을 하면 그것이 사투리라도 상관이 없어졌다.

다행인 것은 나는 목소리가 부드럽기 때문에 말을 할 때 단어 선정만 잘하면 상대방에게 부담을 주지는 않는다. 우리가 말을 할 때 사투리와 표준어를 생각할 수도 있지만 더 중요한 것은 내가 말을 할 때 사용하는 단어나 행동들이 전체적인 이미지를 결정하게 된다.

정확한 발음의 표준으로 말을 하더라도 자세가 삐뚤거나 말을 할 때마다 다른 사람의 험담을 하고 짜증이나 격한 단어를 사용한다면 부드럽게 말하는 것과는 거리가 멀다고 할 수 있겠다. 취미로 운동을 하더라도 국가대표만큼 실력은 되지 않지만 그 사람들이 하는 운동 방식을 따라 할 수는 있다. 말하기도 일반인이 MC들처럼 자신의 약점을 보완해나가면서까지 상대에게 말할 수는 없지만 평소 내가 말을 할 때 사용하는 단어

선정이나 표정은 연습을 통해 충분히 업그레이드 시킬 수 있다. 같은 말이지만 얼굴에 미소를 띠고 더 부드러운 단어를 사용한다면 상대방은 좋은 이미지로 나를 받아들일 것이다.

말을 많이 한다는 것과
잘한다는 것은 별개이다.
– 소포 클레스

5장

말재주가 없어도
말 잘하는 사람이 될 수 있다

상대의 말에
공감하라

의견 충돌이 일어나지 않게 하는 방법은 간단하다. 상대의 의견을 그대로 따르면 된다. 말 잘하는 사람은 왜 말을 잘할 수밖에 없는지 말을 많이 해야 잘하는 것일 수도 있고 많이 들어주어야 잘하는 것일 수도 있다. 성공한 사람들은 말에 품격이 다르다. 성공했다는 선입견 때문이 아니라 이 사람들의 말하는 습관을 잘 보면 본인의 말은 정확한 근거로 짧게 말하고 상대방의 말은 집중해서 들어준다. 그러면 말하는 상대방은 자신의 마음을 이해해주는 것처럼 느껴지고 기분 또한 무척 좋아진다. 그래서 성공한 사람 주위에는 좋은 사람들이 많고 이런 사람들과 일을 하면 순조롭게 일이 풀린다.

공감이라는 말은 동감이라고도 한다. 한 가지 공, 느낄 감의 한자로 쓸 수 있다. 다른 사람의 감정, 의견, 주장 등에 대하여 자신도 그렇다고 느끼는 것을 말한다. I agree with you! 동의한다는 말이다. 한자든, 영어든 상대방이 나의 생각과 같은 생각이라고 말하는데 적대감을 느낄 수는 없는 것이다. 바꾸어 말해서 내 편이 된다는 말이다. 공감은 다양한 방법으로 할 수 있다. 상대의 고민을 해결해 주는데도 공감은 큰 역할을 한다. 먼저 상대가 하는 말을 경청을 해주고 상대의 입장을 이해한다는 리액션만 하면 된다. 어떤 사람들은 상대의 고민을 풀어보겠다고 자신의 입장에서 상대에게 말을 해주는 경우가 있는데 상대가 원하는 것은 문제해결이 아닌 그저 공감해주기를 원하는 것이다.

나는 일찍 사회생활을 했다. 사회생활을 하면서 대학을 다녔고 공부만 하던 동기들보다 사람을 더 많이 상대하다 보니 말을 할 때 상대방 입장을 생각하면서 말을 했었다. 어려움에 처해 있거나 화가 나있는 사람에게 도움을 주기위해 그 원인을 분석하고 자신의 입장을 말하게 되면 상대는 머릿속이 더 복잡해진다. 그럴 때 민감해진 상대는 '당신이 뭘 안다고 그러느냐, 본인 일 아니라고 함부로 말하지 마라.'라고 하는 경우도 있다. 도움을 주기 위해 큰맘 먹고 했던 말이 화가 되어 돌아온 것이다. 이런 경우가 쌓이게 되면 남의 일에 관심 없는 각박한 사회가 되어버리는 것이다.

말재주는 없지만 할 말 다하는 사람들의 비밀

상대를 위한다는 마음으로 조언을 하기보다 그저 들어주고 공감을 해주는 것이 더 쉽고 편하다. 하지만 회의를 할 때는 확실히 편이 갈리기 때문에 공감을 할 때는 명확하게 내용을 파악하고 하여야 한다. 간혹, 평소 나와 친분이 있다고 줄 서기식 공감을 하는 것은 그 파장이 조직 전체에게도 미칠 수 있기 때문이다. 이때는 부정과 긍정을 생각할 겨를이 없고 오직 내 편과 다른 편으로 단순하게 정해져버린다. 그래서 공감을 할 때에는 진짜 공감과 가짜 공감을 구분할 줄 알아야 한다.

하나의 단체에는 다양한 사람들이 모여 있다. 똑똑한 사람, 운동을 잘하는 사람, 어떤 일을 맡기면 책임감 있게 일하는 사람, 단체의 분위기를 좋게 해주는 사람 등 스타일도 다르고 성격도 다른 사람들이 모여서 의견을 공유한다. 자신의 스타일만을 고집한다면 결론을 내지 못하는 안건들이 대부분일 것이다. 그래서 이런 사람들의 의견을 종합해서 한 방향으로 이끌어가는 사람이 단체의 리더이다. 리더는 항상 중심을 잡고 있어야 한다. 듣기 좋은 말만 들어선 안 되고 독설을 피해도 안 된다. 세계적인 기업을 보면 평사원에서 임원으로 승진 되는 사례들도 있다. 이러한 사례는 리더가 그 사람의 의견을 귀담아듣고 실무에 반영을 해서 좋은 결과를 얻었기 때문에 있을 수 있는 일이다. 만약 말단 사원의 말을 무시했다면 발전이 없었을 것이다. 누군가의 말에 공감한다는 것은 상대의 말에 힘을 실어주는 것과 같다. 만약 상대가 틀린 말을 했다 하더라도 바로 지적하기보다는 먼저 공감을 해주고 난 다음 잘못된 부분이 무엇인지를 말해준다면 상대는 배움의 기회도 되고 기분 나쁘지 않게 인정하게 될 것이다. 다른 부분을 말할 때는 상대를 설득시켜야 하는데 이 과정에서 오해를 하거나 갈등이 생길 수 있다. 상대를 설득시키려면 상대의 수준에 맞는 설득 방법이 필요하다. 그러기 위해서는 상대를 알아야 하고 무슨 말을 하고 싶은지 그래서 원하는 것이 무엇인지를 파악해야 한다.

대화를 하거나 대중들 앞에서 말을 하기 위해서는 항상 준비되어 있어야 한다. 어떤 사람들은 말을 하는데 복잡하게 뭘 준비를 하느냐 하겠지만 준비를 하지 않으면 말에서 실수가 많이 나오게 된다. 백발백중 의견이 다를 때에는 감정을 먼저 표출하게 된다. 말하기에서 상대에게 공감을 할 때 긍정적이거나 즐거운 상황에서는 무한 공감을 하여도 상관없다. 하지만 부정적인 상대의 말에는 공감보다는 우선 들어주면서 마음속으로 체크하는 것이 중요하다. 아무 때나 상대의 말에 공감하는 것이 아니라 분위기 파악을 잘 하고난 후여야 된다.

요즘은 TV 시청료가 관리비에 함께 고지되지만 예전에는 집집마다 다니면서 TV를 확인한 적이 있었다. 내가 어릴 때 시골에는 TV가 부잣집에만 있었는데 우리는 그것을 보기 위해 밤이면 그 집으로 가서 함께 시청을 하곤 했었다. 어느 날 낮 시간에 어머니와 함께 TV가 있는 집에 놀

말재주는 없지만 할 말 다하는 사람들의 비밀

러를 갔다가 어머니는 그 집주인과 마당에서 대화를 나누시고 나는 방에서 친구와 놀고 있었다. 그때 TV 확인을 하러 한 사람이 나왔고 그 집 주인은 '우리 집 TV 없어요.'라고 했었다. 그 당시에는 TV 없는 집은 시청료를 내지 않았다. 어머니도 옆에서 '이 집에 TV 없어요.'라고 하셨다.

나는 어린 마음에 내가 아는 것과는 다른 말을 듣고는 방문을 활짝 열고 손짓을 하며 외쳤다. '엄마 저 방에 TV 있잖아요!'라고 했다. 그 순간 검침원은 두 분의 얼굴을 쳐다보고 나에게 'TV가 어디 있다고?'라며 물었다. 나는 다시 한 번 TV가 있는 방을 가리키며 문 열면 바로 보인다고 했다. 결국 그 집은 TV 시청료를 나 때문에 내게 되었다. 나는 그날 어머니에게 엄청나게 야단을 맞았다. 그런데 그 후로도 어머니는 왜 나에게 야단을 치셨는지 설명은 안 해주셨다. 나는 단지 두 어른들의 말에 공감하지 않았고 검침원의 말에 공감했을 뿐이었다.

상대의 말에 공감을 하는 방법은 여러 가지가 있지만 내가 말을 하지 않고도 충분히 공감할 수 있다. 상대가 말을 할 때 내가 상대를 바라보는 눈빛과 행동이다. 어떤 사람은 자신의 이야기를 할 때에는 적극적인 자세로 몸을 앞으로 기울인 상태로 초롱초롱한 눈빛을 발산하면서 말을 한다. 하지만 상대의 말을 들을 때는 눈빛이 다른 생각을 하고 있는 것이 보인다. 말은 마음의 표현이라고 하고 눈은 마음의 창이라고 하는데 그런 눈빛으로 상대를 바라보거나 시선을 마주치지 않는다면 상대의 느낌은 좋지 않을 것이다. 대신 말은 하지 않고도 상대에게 적극적으로 공감하는 방법은 고개를 끄덕이는 것이다. 그러면서 가끔 던지는 한마디 "아", "그렇구나"와 같은 말을 함께 한다면 상대는 그 행동으로 내가 자신에게 공감한다는 것을 충분히 느낄 수 있다.

말재주가 없다고 생각하는 사람들은 대화를 잘 하지 못하기 때문에 사람들 만나는 것을 좋아 하지 않는다. 하지만 사회생활은 밖으로 나가 사람을 상대하여야 하기 때문에 피할 수만은 없다. 그런 사람들에게는 행동으로 공감하는 방법이 좋은 결과를 가져올 수 있다. 말로써 공감을 하고 결과를 얻어냈다면 행동으로 공감했을 때는 더 많은 정보를 얻을 수 있다. 상대방은 내가 고개를 끄덕이면서 자신의 말에 감탄사만 연발하고 있으니 완전 무장 해제가 된 상태에서 강연하듯이 많은 정보를 나에게 제공하게 될 것이다. 그러면 나는 좋지 않은 것은 그 자리에서 버리고 좋은 정보만을 가지고 상대에게 한 번 더 확인을 하면 되는 것이다. 우리가 말을 할 때 상대방의 말에 공감을 한다는 것은 꼭 그 사람의 의견을 따르겠다는 것이 아니라 먼저 상대를 내 편으로 만들어서 더 좋은 대화를 하기 위함이다. 강연도 마찬가지이다. 가끔 질문을 통해 청중들과 공감대를 형성하는 것이 쉽게 성공적인 강연을 할 수 있는 방법이다.

말재주는 없지만 할 말 다하는 사람들의 비밀

02

필요한 것에 집중하여
훈련하라

먼저 우리는 말 잘하는 사람에 대해서 생각을 해보아야 된다. 어떤 사람이 말 잘하는 사람인가? 내가 지금 어떤 말을 잘하고 싶은가? 발표를 잘하고 싶은 것인지, 사람들 앞에서 진행을 잘할 것인지, 일반적인 대화에서 그날 분위기를 이끌고 가고 싶은지를 먼저 고민해야 된다. 모두 다를 잘하는 사람도 있다. 그런데 우리가 인생을 살면서 꼭 필요한 부분은 최선을 다해서 연습하고 최고가 되면 되지만 해도 되고 안 해도 되는 곳에는 힘 빼지 말고 취미처럼 중간 이상 할 수 있을 정도면 충분하다고 생각한다. 이런 것에 매달리게 되면 나에게 꼭 필요한 것들을 연습할 시간이 빼앗기게 된다.

나는 다양한 스타일의 말 잘하는 사람들을 보았다. 얼마 전 나에게 메일이 한 통 도착했다. 평소에 MC가 되고 싶어 직장 생활을 하면서 주말에 예식장에서 가끔 마이크를 잡는다고 했다. 그래서 본격적으로 MC의 길을 가기 위해 도움을 받고자 한다는 내용이었다. 이런 메일이나 문자 전화는 가끔씩 받는다. 나는 무엇인가 하겠다는 사람들에게 쉽게 하라고 하지 않는다. 어릴 적부터 취미로 한 운동들이지만 운동선수만큼 운동량을 하곤 했었다. 이때 내 마음 속에는 내가 아무리 열심히 해도 운동 특기생들에게는 밀릴 거라는 마음으로 했었다. 실제로 그렇다.

일반 체육관에서 아무리 발차기하고 샌드백 때려도 실전에 단련되어 있는 친구들과 경기를 해보면 그냥 어른과 아이의 대결처럼 느껴진다. 그래서 나는 선수 생활하는 친구들과 대화를 통해 이 친구들이 운동을 할 때 마음을 듣고 나도 그렇게 단련해야겠다는 생각을 했었다. 일반 동호회 활동을 하면서도 선수들과 대등한 실력을 발휘하는 사람들이 있다. 이런 사람들의 생활을 보면 일반인이 아니다. 선수만큼 운동을 한다. 연습하고 노력해서 오는 결과이지만 일반인들은 과정이 어땠는지는 생각하지 않고 결과만 본다. 그 결과를 보고 자신이 하면 쉽게 할 수 있을 것이라는 착각을 하고 도전했다가 포기하게 된다.

어떤 사람은 희망의 말 긍정의 말로 꿈을 심어주어야 한다고 하는데 약한 씨앗은 발아도 하기 전에 새의 먹이가 되고 만다. 튼튼한 씨앗은 새

말재주는 없지만 할 말 다하는 사람들의 비밀

에게 먹혀도 소화가 될 때까지 참고 견뎌내어 다른 곳에서 꽃을 피우고 열매를 맺기 때문이다.

우리 집 아이들에게 나는 항상 무엇이든 하고 싶은 게 있고 그것이 다른 사람들에게 피해를 주는 것이 아니라면 완전히 미친듯이 하라고 말한다. 유명 스포츠 선수나 음악가, 기업가들이 성공할 수 있었던 것은 그 분야에 미쳐 있었기 때문이다. 외국 사람들도 무언가를 집중해서 잘 해내는 사람을 보고 그 분야에 미쳤다고 말한다. 말은 때와 장소를 잘 선택하는 것이 제일 중요하다. 심성이 착한 사람들은 상대가 나에게 하고 싶은 말을 다 해보라고 하면 숨김없이 본인의 마음을 다 털어놓아버린다. 그러는 과정에서 상대방은 인내의 한계점을 느끼게 된다. 하지 말아야 할 말까지 모두 해버렸기 때문이다.

내가 운동을 할 때 선수들처럼 할 수 있고 전국 대회도 나가볼 수 있었던 것은 성격이 대단한 관장님이 계셨기 때문이다. 옛날 성룡의 〈취권〉에 나오는 사부 같은 분이셨다. 운동을 하는 내내 존경했었고 동시대 관장님들도 인정하는 그런 분이셨다. 군대 전역 후 연락이 되지 않다가 함께 운동하던 후배들과 연락이 되어 다시 찾아뵈었는데 예전의 성격 그대로였다. 후배들과 운동을 마친 후 사무실에서 옛날이야기를 하다가 관장님이 내가 제일 선배니까 본인에 대해서 뭐가 문제점이 있는지 솔직하게 말을 해보라고 하셨다. 처음엔 웃으면서 이런저런 이야기를 하다가 넘지 말아야 할 내 마음속에 쌓여 있던 진심이 나와 버린 것이었다. 후배들도 한마디씩 거들었다. 이야기를 듣고 계시던 관장님은 갑자기 노하시며 우리를 내쫓으셨다. 후배들과 돌아오는 길에 우리가 무엇을 잘못했는지 서로 물어보았지만 아무도 말을 못했다. 상대방이 원하든 아니든 나의 진심을 말해야 하지만 그것은 데드라인이 있는 것이다. 우리는 그날 그 선을 넘어 버린 것이었다. 평소 순진한 사람들은 마음의 문이 열리면 너무 솔직하게 상대에게 털어놓는다. 그래서 문제가 생기면 자신이 상처를 받는 경우를 많이 보았다. 이런 사람들은 말의 데드라인을 잘 지킬 줄 모른다. 그 선이 어디인지도 모르는 경우도 있다. 나도 그때는 모두 말하라고 해서 평소 생각을 말한 거였는데 어떠한 해명도 듣지 못하고 마음의 상처만 받았다. 우리는 그날 관장님께 마음을 쓰는 한 수를 배운 셈이다.

말하기와 자존감은 많은 관련성이 있다. 말재주가 없는 사람은 자존감도 높지 않은 경우가 있다. 자신감과는 다른 것이다. 말을 할 때 내 마음을 상대에게 전해야 하고 사람들 앞에서 표현하여야 하는데 내가 나를 믿지 못하는 데서 오는 무언가가 대중 앞에 서는데 두려움을 주는 것이다. 자신감은 그 순간 해결이 될 수도 있다고 한다면 자존감은 스스로를 믿고 아껴야 하기 때문에 많은 연습이 필요하다. 자존감은 나 자신을 스스로 인정해 줄 수 있는 무엇인가를 개발하여야 조금씩 높아진다. 내가 말을 할 때 주변 사람들이 칭찬을 하면 자신감이 생겨난다. 그래서 그 순간 말을 잘할 수 있지만 시간이 지나서 나 스스로가 그때를 생각했을 때 내가 인정해주지 않는다면 다른 사람들의 칭찬은 가짜가 되는 것이다. 그리고 다음에 말하기를 할 때 잘된다는 보장을 할 수가 없게 된다. 자존감은 자신감보다 더 중요하다. 자존감이 높은 사람은 마음의 상처를 입어도 회복력이 좋다. 그래서 스트레스에서 빠르게 벗어날 수 있다.

나는 우리 집 사춘기 아이들에게 자존감 이야기를 자주 한다. 자존감 없이 자신감만 넘치면 어느 순간 무너지게 되고 마음의 상처를 받게 될 테니 자존감을 높이고 항상 스스로를 사랑하라고 가르친다. 하지만 부모가 자식에게 아무리 많은 것을 가르치려 해도 아이의 자존감은 잘 올라가지 않는 것만 같다. 자존감이 높지 않은 아이들을 보면 스스로를 자랑스러워하는 모습을 찾기가 어렵다. 중3 아들은 피아니스트들이 걸어왔던 길을 그대로 잘 가고 있다. 예중을 입학하고 힘들다는 오디션을 통과하고 연주회와 대기업 장학 재단에서 장학 혜택을 받을 만큼 열심히 하고 있고 스스로 세계 무대를 생각할 만큼 자신감은 가지고 있다. 그런데 아직 나이가 어려서인지 자존감이 높지가 않다. 그래서 이런 아이들은 마음의 상처를 받으면 말문을 닫아버릴 확률이 높다. 물론 내가 그렇게 되도록 방치하지 않겠지만 사람들의 자존감은 청소년 시기에 많이 심어주는 것이 좋은 것 같다. 부모인 내가 말로써 설명할 수도 있겠지만 책을 추천하고 싶다. 만약 내가 청소년 시절 누군가가 자존감 높이는 법을 추천해주었다면 나 자신에 대해 고민할 이유도 갈팡질팡할 필요도 없었을 것이다.

자존감이 높다는 것은 그만큼 자신을 많이 돌아보고 부족한 부분들을 채우려고 연습이나 노력을 많이 했을 것이다. 그 과정에서 본인도 모르게 능력이 갖추어지게 되는 것이다. 나는 산악자전거를 오랫동안 즐겨왔고 다른 운동들도 오랫동안 수련해 왔다. 당연히 체력은 좋을 것이고 하체 근육도 좋다. 사람들이 나에게 체력이 좋다고 하면 내 체력이 좋기 때문에 내가 그 부분에 대하여 부정할 이유가 없다. 하지만 내가 겉으로만 체력이 좋아 보이고 실제로는 만성 피로가 있는 사람에게 누군가가 몸이 좋아 보인다고 하면 그 사람은 멋쩍은 미소를 지을 수밖에 없고 본인 스스로 부정을 하게 될 것이다.

사소한 것이지만 자존감이라는 것은 끊임없는 자기계발에서 오는 것이다. 나는 앞으로 사람들에게 자존감 전도사가 되기 위하여 자기계발과 동기부여를 할 수 있는 프로그램을 만들 것이다. 자기계발을 위해서는 좋은 습관이 몸에 익어야 한다. 만약 당신이 말재주가 없다면 좋은 글과 명언을 수집하는 일을 하지 말고 어떤 것을 할 때 정확한 시간에 하는 습관부터 들여야 한다. 시간을 지키는 습관이 생기면 계획을 정확하게

자존감이라는 것은 끊임없는 자기계발에서 오는 것이라는 면에서
포기하지 않고 꾸준히 해야 하는 운동과 같다.

세울 수 있고 그렇게 된다면 일어나는 시간부터 잠자는 시간까지 정리가 된다. 그 시간 안에서 자기계발을 하면 되는 것이다. 그러면 본인의 자존감이 높아지고 자존감을 높이기 위한 자기계발의 경험에서 오는 모든 것들이 말을 잘하게 해줄 것이다. 그래서 말재주가 없다면 주저하지 말고 자기계발에 도전장을 내밀어라.

03

표정이
곧 말이다

말의 시각화를 통해서 나의 마음을 상대방에게 전달하는 방법이다. 나는 오랜 기간 대중들 앞에서 진행을 하면서 말로 부족한 부분은 행동이나 표정으로 부족함을 해결했다. 말로 충분하다면 표정을 더한다면 그만큼 플러스가 되는 것이다. 가요제에서 인터뷰를 하는데 내가 무표정으로 정형화 된 질문을 한다면 참가자는 당황하게 될 것이다. 무대에 올라온 것만으로도 긴장해 있는 참가자를 웃으면서 맞이하고 현재 그 사람의 마음 상태를 내가 말해주면서 긴장을 달래주는 역할을 하여야 한다.

이때도 방법은 여러 가지지만 특히 어르신들은 옆에 함께 서있기만 하여도 도움이 된다. 나는 웃으면서 말한다. 아들과 노래방 왔다 생각하고 시작 부분 잡아드릴 테니 걱정하지 말라고 하면 그때부터는 미소를 짓는다. 간혹 끝나고 나면 커피를 들고 옆에서 기다리시는 분들도 많다.

갓난 아이 앞에서 표정을 지었을 때 그대로 따라하는 외국의 한 실험을 보았다. 그것을 보면 사람은 말이 아닌 표정이나 행동으로 의사소통을 할 수 있다는 것이다. 말은 소통을 더 쉽고 명확하게 해주는 도구일 뿐이다. 외국 사람들은 서로 눈으로 인사를 할 때가 있다. 나도 외국인을 마주치면 눈썹을 들어 인사를 한다. 운전이나 자전거를 탈 때도 마찬가지이다. 검지 손가락 하나로 인사도 하고 감사의 표시도 한다. 청각 장애인들을 위해 수화가 있다. 수화를 하는 분들을 보면 손으로 동작을 하면서 얼굴 표정이나 눈 모양으로 감정까지 전달을 한다. 나의 마음을 상대방에게 전달하는데 영혼 없이 내용만 전달한다면 상대가 얼마나 받아들일까! 우리의 표정은 다양한 분야에서 그 영향력을 발휘한다.

음악가들은 연주를 할 때 자신의 느낌을 표정으로 많이 나타낸다. 표정을 보면 그 사람의 악상을 함께 느낄 수 있다. 그래서 어떤 음악가들은 표정 연기를 하는 경우도 있다. 그만큼 더 꾸며서라도 표현해내고 싶어서이다. 피아노를 하는 아들에게 항상 표정을 관리하라고 말한다. 거울을 볼 때마다 다섯 가지 이상의 표현을 얼굴로 해보라고 하면 아들은 알았다고 하지만 실천은 잘되지 않는다. 표정 연습을 해야 되는 이유는 얼

말재주는 없지만 할 말 다하는 사람들의 비밀

굴 근육을 평소 많이 스트레칭 시켜야 내가 연주를 하거나 말을 할 때 표정이 자연스럽게 따라오는 것이다.

운동을 한참 할 때는 다리가 옆으로 완전히 찢어졌는데 쉬다가 다시하면 힘든 것과 마찬가지다. 얼굴을 자주 찌푸리면 근육이 쪼그라들어 잡히고 반대로 미소를 띠면 펴지는 근육이 자리 잡게 된다. 살면서 기쁘고 즐거운 일들도 많지만 힘들고 괴로운 일들도 분명 찾아온다. 우리의 몸은 준비가 되어 있으면 부작용이 생기지 않는데 갑자기 닥치면 통증이 오게 되어 있다.

나는 다이어트를 목적으로 하루에 70km의 거리를 주 3회 라이딩을 한적이 있다. 이때는 싸이클이라고 하는 로드용 자전거를 이용하고 주 2회는 30km 정도의 거리를 MTB 자전거로 두 시간 정도 운동을 했었다. 평소 운동을 즐겨했었지만 운동량과 강도를 좀 더 올려서 하게 되었다. 유산소 운동을 많이 하면 살이 빠진다는 것은 누구나 알고 있는데 이때 주름지지 않게 하기 위해서는 웨이트 트레이닝도 함께 하여야 한다. 나는 자전거만 너무 타서 얼굴 살이 빠지고 주름이 많아지게 되었다. 보는 사람마다 '피곤해 보인다! 나이들어 보인다!'라고 말했다. 그런 말을 자주 들으니까 내 몸이 안 좋아지는 듯한 느낌도 들었다. 실제로는 체력이 엄청나게 좋아져서 무대에 몇 시간을 서있어도 괜찮았다. 급속한 다이어트가 나에게 스트레스가 될 줄은 생각해보지 않았다.

나는 피부과에 가서 관리를 받고 의사선생님께 운동을 해도 주름 생기지 않게 해달라고 하였다. 의사선생님은 걱정하지 말고 운동하라고 해서 관리 받으면서도 운동은 계속되었다. 하지만 의학의 기술은 자연의 힘을 이기지 못하였다. 어쩔 수 없이 나는 운동량을 줄이고 표정 관리를 시작하였다. 거울을 보고 주름이 생기더라도 더 자연스럽게 웃는 연습을 하고 얼굴 찌푸리는 표정은 될 수 있으면 피했다. 우리의 표정은 얼굴 근육을 발달시켜야 한다. 평소 거울 보면서 표정 연습을 한 사람들과 하지 않은 사람들의 차이는 크게 나타난다. 상대와의 소통에서 바디랭귀지를 할 때가 있다. 외국인을 만났는데 말이 통하지 않으면 한국말을 하면서 손짓 몸짓으로 하게 된다. 이것은 단지 소통의 방법으로만 쓰이는 것이지만 표정은 그렇지 않다.

표정은 우리의 감정도 나타내고 표정만으로도 상대의 마음을 움직일 수도 있다. 항상 미소를 짓고 있는 사람에게 말을 걸 때는 나도 웃으면서 말을 하게 되고 나도 웃으면서 응대하게 된다. 아이들의 실험 반응과 같은 것이다. 물건을 흥정할 때도 보면 어떤 사람은 웃으면서 깎아 달라고 하면 주인이 못 이기는 척 깎아주거나 아니면 주인도 웃으면서 거절을 한다. 하지만 불만스런 표정으로 깎아 달라고 하는 사람은 깎아주려고 마음먹고 있다가도 없던 일로 한다.

말재주는 없지만 할 말 다하는 사람들의 비밀

사람들의 표정을 가장 많이 느낄 수 있는 곳은 새벽시장이다. 백화점에도 사람들이 많지만 표정은 모두 밝지 않다. 쇼핑 왔으면 기분이 좋아야 되는데, 그것이 표정으로 나타나야 되는데 그렇지 않다. 간혹 점원이 웃는 얼굴로 다가오면 거부 반응을 보이는 사람들도 있다. 그런데 새벽시장에서는 돌아서는 사람조차 미소를 지으면서 돌아선다. 이것은 사람의 반사적 행동 때문이다. 아침형 인간이 아니고서는 새벽시장에 갈 일이 없다. 나는 가끔 사람이 좋아서 사람들의 표정과 살아가는 소리가 좋아서 새벽시장이나 재래시장을 찾는다. 여기는 웃음소리도 크고 싸움 소리도 크고 인심도 크다. 뭐든지 다 큰 곳이 재래시장이다.

표정은 우리가 평소 쇼핑하는 대형 마트나 백화점과는 전혀 다르다. 지구상에 존재하는 거의 대부분의 표정을 재래시장에서는 볼 수 있다. 특히, 새벽시장에서는 삶을 느낄 수가 있다. 새벽에 준비해서 나오는 사람과 낮에 일하는 사람은 잠자는 시간이 같다고 하더라도 각오가 다를 것이다. 새벽시장 사람들은 무엇에든 적극적이다. 웃을 때는 아이처럼, 화가 났을 때는 무섭게 변한다. 바쁜 생활을 하면서 새벽시장 상인들은 말을 길게 하는 것보다 소리 지르고 웃으면서 의사소통을 대부분한다.

우리 부모님은 시장에서 장사를 하셨다. 사람을 보는 눈도 좋으시고 물건을 살 사람과 사지 않을 사람을 바로 구분하시고는 물건 살 사람이

오면 어머니의 표정이 밝아지면서 손님의 지갑을 열게 만든다. 가끔 하나 팔 것도 두세 개씩 팔 때도 있었다. 시장에서 장사하시는 분들이 직장인들보다 배움도 부족했을 텐데 말로는 직장인들이 당해내지를 못한다. 일단 미소로 상대를 붙잡고 특유의 친근함으로 다가가서 상품 설명을 기가 막히게 한다. 평소 말재주가 없다 해도 판매하는 물건에 대해서는 막힘이 없는 분들이다. 이분들은 표정으로 거의 다를 말씀하신다. 가끔 물건을 많이 사가시는 분들께는 눈을 질끗 감으면서 몇 개 더 넣어주신다. 신기하게도 손님은 무슨 의미인지 알아차리고 감사하다고 인사한다.

우리가 말을 하는 목적은 상대방에게 나의 마음을 표현하기 위함이다. 처음 상대를 만나면 그 사람의 첫인상부터 보게 된다. 이것은 들리는 것보다 보는 게 먼저 라는 것이다.

말을 할 때 추가적으로 사용하는 것이 신체의 움직임이고 그 움직임을 확실하게 마무리 지을 수 있는 것이 표정이다. 그래서 표정은 상대방이 나를 보고 제일 먼저 평가하는 부분이기도 하다. 평소 표정 연습을 통하여 자연스러운 몸동작까지 함께한다면 말재주는 별로 없더라도 쉽게 상대 마음의 문을 열어서 소통을 할 수가 있다. 말을 많이 하면 수다쟁이라고 하지만 미소를 많이 지으면 분위기 있는 사람 내지는 긍정적인 사람으로 인식된다. 때로는 대화할 때 말을 먼저 하는 것보다 표정이나 동작으로 상대로부터 깊이 인식되는 사람이 되자.

말재주는 없지만 할 말 다하는 사람들의 비밀

04

필요한 말만
적당히 하라

스포츠 경기 중 축구 경기를 할 때 해설위원과 캐스터가 경기시작 전후와 경기 내내 쉴 새 없이 경기와 관중석 선수 이야기를 하면서 말을 이어나간다. 하지만 우리는 지루하다거나 무슨 말인지 알아듣지 못하는 경우는 드물다. 축구에 관심이 없어 용어를 모르는 경우는 있을 수가 있다. 만약 해설가와 캐스터가 필요한 말만 적당히 하고 TV에서는 선수들만 뛰어다닌다고 생각해보자. 그 채널은 시청자들로부터 관심을 못 받을 것이고 보는 사람들도 재미가 없을 것이다.

이렇게 전문분야의 말하기는 필요한 말만 해서는 안 된다.

나는 진행을 하는 모든 행사가 라이브다. 방송에서는 생방송인 것이다. 그래서 무대의 공백은 있을 수 없는 일이다. 대학 축제를 진행하는 MC들은 많이 겪어보는 일이지만 가수들도 그 시즌이 되면 전국을 다녀야 하고 하루 두세 군데의 무대를 소화해야 하기 때문에 시간에 쫓기게 된다. 그러면 MC들은 마이크 하나로 무대에서 관객들이 지루하지 않게 시간을 끌어주어야 한다. 대부분 시간을 맞추어서 오는데 그렇지 못한 경우 예상 시간을 비슷하게 알려주면 될 것을 매니저가 담당자를 안심시키기 위해서 조금만 늦는다고 하거나 출발도 하지 않았는데 출발했다고 하는 경우가 있다.

그날도 유명연예인이 부산에 대학 축제를 마치고 경북 안동에 있는 대학으로 이동을 했어야 했다. 아무리 빨리 와도 2시간 반은 걸릴 텐데 한시간 반 만에 들어온다는 거였다. 나는 그때부터 앞으로 끌어야 할 시간을 머릿속으로 계산을 하고 관객과 대화를 시작했다. 진행을 하면서 중간 중간 공백 시간을 말로 채우는 능력은 현장에서 진행하는 MC들은 숙달되어 있다. 하지만 너무 장시간 동안 혼자 떠들다 보면 필요하지 않은 말들조차도 끄집어내어 말할 때가 있다. 그날이 그런 날이었다. 그런 날은 행사가 끝나고 나면 MC는 녹초가 되지만 알아주는 사람은 아무도 없다.

만약 이러한 상황을 방송 MC가 진행을 하게 되면 바로 마이크 반납하

말재주는 없지만 할 말 다하는 사람들의 비밀

고 무대에서 내려올 것이다. 방송은 편집을 하고 생방송도 정해진 시나리오 안에서 진행되기 때문에 정리가 잘되고 깔끔하게 마무리가 된다.

우리가 말하기를 할 때 에는 잘 짜여진 시나리오대로 정리해서 하여야 한다. 현장에서 진행하는 MC들은 시나리오대로 하라고 하면 불편하게 생각하는 경우도 있다. 지역 축제에서는 시나리오대로 흘러가는 경우가 드물기 때문에 그것을 참고만 하고 머릿속에 정리를 하고 진행을 한다. 반대로 방송 MC는 시나리오를 주지 않으면 정리가 되지 않는다. 이것은 진행을 잘하고 못하고가 아닌 우리 생각의 정리를 말하기 위함이다.

현장이라 함은 변수가 많이 일어날 수 있는 상황을 예로든 것이고 방송은 정해진 틀 안에서 회의하듯 대화하는 상황을 말하는 것이다. 비유가 적절치 않을 수도 있지만 생각이 정리되지 않으면 필요 없는 말도 많이 하게 된다는 것이다. 깔끔한 대화를 원한다면 미리 할 말을 넉넉하게 준비해두고 상대방을 파악한 다음 필요한 말들만 조금씩 정리하면서 하여야 한다. 나의 말을 정리하기 위해서는 상대의 말을 대부분 들어야 정리가 된다. 상대가 말을 하는 중에 내 생각을 말할 수도 있겠지만 아직 상대가 할 말이 많이 남아 있는 상태에서 서로 말을 하다 보면 자신의 의견에만 몰두하게 된다.

충분히 상대의 의견을 듣고 나면 그 의견에 맞게 내 생각을 하나씩 말하면 되는 것이다. 물론, 상대가 말을 많이 하면 그 또한 듣고 있기가 힘들다. 지금은 정보화 시대이기 때문에 너무 많은 정보가 사람들에게 노출되어 있다. SNS만 하더라도 두세 개는 가입되어 있으니 내가 알려고 하지 않아도 정보들이 저절로 각자에게 쏟아져 들어간다. 여기에는 가짜 정보도 많은데 사람들은 그것을 걸러 내지 않고 본인의 정보인 것처럼 마구 퍼 나른다. 이렇게 많은 정보를 알고 있는 우리가 누구를 만나 대화를 할 때 상대의 말을 듣고 있기는 점점 힘들어지는 것이다.

　더군다나 상대가 열을 올리면서 하는 말이 가짜 뉴스라면 상황은 더 심각하다.

　우리는 흔히 100세 시대라고 말한다. 사실은 100세까지 사시는 분들을 많이 보지도 못했고 그때까지 산다고 하더라도 너무 지루하게 느껴질 것 같다. 현대 과학의 발달로 수명이 길어지기는 했다. 주변을 봐도 팔순 구순 어르신들은 쉽게 볼 수 있다. 부모님이 오래 사시면 좋지만 자식들이 바쁘다는 이유로 외롭게 지내시는 분들이 많아져서 문제인 것이다. 어르신들은 엄청나게 쏟아져 나오는 정보에 전혀 관심도 없다. 젊은 세대와 실버 세대간의 대화는 점점 더 어려워질 거라 생각한다. 실버 세대 분들의 젊은 시절은 말을 많이 하면 아는 것이 많은 사람이라고 했을 것이다. 하지만 요즘 젊은이들은 말이 없다. 궁금한 것도 인터넷 검색으로 스스로 해결한다. 우리 때는 어른들께 여쭤보고 선생님께 질문하고 그랬었는

　　　　　　　　말재주는 없지만 할 말 다하는 사람들의 비밀

데 대화의 방향이 변해가는 것 같다. 필요한 정보를 인터넷에 검색을 하면 구구절절 설명되어 있지 않고 간략하게 나와 있다. 인터넷 정보가 모두 옳다는 보장도 없다. 업데이트를 사람이 하는데 올릴 때부터 잘못된 정보를 입력하면 그 정보를 검색한 사람들은 모두 잘못된 정보를 진짜인 줄 알게 된다.

이제는 대화를 할 때 필요한 말만 적당히 하여야 하는 이유도 예전에는 불필요한 말을 하면서 상대에게 실수를 하거나 상대가 나를 수다쟁이로 볼 수 있었다면 지금은 정보의 오류를 퍼트릴 수도 있기 때문이다.

몇 주 전 어머니를 뵈러 대구 집에 갔었다. 어머니는 요즘 취미가 유튜브를 시청하시는 거였다. 어떤 채널을 보시나 옆에서 봤더니 미스터트롯과 정치 뉴스를 보시는 거였다. 예능프로는 그냥 보시면 되는데 문제는 유튜브에서 하는 정치 뉴스는 자기 진영 쪽으로 편향되어 나오는 것들이 대부분이고 가짜 뉴스도 많은데 그대로 보시고 계셨다. 형님과 나는 유튜브 시청에 대해서 약간의 우려를 했다. 자칫 공격적인 성향의 정치 뉴스를 자주 시청하시면 정신 건강에 좋지 않기 때문이다. 이제는 필요한 말만 정리해서 하는 것과 필요한 영상만 골라서 봐야 하는 시대가 되었다.

나는 책 읽기를 좋아하지 않았다. 코로나가 세계적으로 확산되고 내가 일을 하는 분야는 모든 일정들이 취소가 되었다. 사람들은 바이러스를 두려워하고 외출조차 겨우 하는 어려운 시국에 나는 자기계발에 전념했다. 그러면서 책을 효과적으로 읽는 법을 알았고 책을 쓰게 되었다. 말하기와 글쓰기는 다르다. 하지만 두 가지를 병행한다면 좋은 효과를 누릴 수 있다.

말을 할 때 글쓰기를 하는 것처럼 여유를 가지고 정리를 해서 말을 한다면 말을 할 때 실수를 하지 않을 수 있다. 글은 쓰다가 잘못되면 지우고 다시 쓰면 되지만 말은 내 입에서 나가면 다시 하기가 어렵다. 내가 상대방에게 한 말은 나의 마음을 표현한 것이기 때문에 실수를 했다 하더라도 상대방은 벌써 들어버렸다. 그럴 때는 나의 실수를 인정하고 수정을 하여야 한다. 어떤 사람들은 말실수를 하고도 '그럴 수도 있지 뭐.'라고 하는 사람이 있는데 이것은 나중에 화를 불러올 수가 있다.

우리가 말을 하다 보면 '다시 말해서' 혹은 '요약하자면'과 같은 말들을 사용할 때가 있다. 말은 나의 생각을 상대방에게 효과적으로 전달하기 위함이다. 아무리 내가 알고 있는 정보와 지식이 많다 해도 정리되지 않고 상대방을 이해시키지 못한다면 소용이 없다. 내 머릿속의 많은 정보들을 잘 정리해서 불필요한 부분은 생략하고 핵심적인 부분만을 상대에게 말한다면 효과적인 말하기가 될 것이다. 우리는 책을 읽기 전이나 후

말재주는 없지만 할 말 다하는 사람들의 비밀

에 명언 한 줄을 읽을 때가 있다. 짧은 명언 한 줄이 많은 것을 생각하게
하고 모든 내용을 정리 시켜주는 듯한 느낌을 받는 것과 같은 것이다.

05

자신의 말하기 문제점을
파악하라

사람들은 외모가 모두 다르듯이 말을 하는 스타일과 목소리가 모두 다르다. 멀리서 들어도 저 사람이 누군지 알아맞힐 정도로 특징이 있다. 또한 말을 할 때에 습관도 모두 다르다.

대중들 앞에서 말을 하는 직업인들도 말을 할 때 각자의 개성이 있다. 그것은 그 사람의 트레이드 마크가 될 수도 있고 고쳐야 할 부분일 수도 있다. 대표적으로 내가 좋아하는 김창옥, 김미경 강사는 강연을 할 때 본인들 스스로 강연 내용의 주인공이 되고 표정과 말투가 청중들과 대화를 하는 듯하기 때문에 객석에 앉아있는 사람들과의 거리감이 가깝게 느껴진다. 강연을 마치고 나면 강의 평가서를 받게 되는데 강사가 청중들과 공감을 하면서 강연을 하면 평가 점수가 높게 나온다. 반면 우리가 알아두면 좋은 정보를 전문가의 입장에서 논설위원처럼 앞에서 화면을 보며 설명만 한 시간을 했다고 한다면 꼭 필요하다고 느끼는 몇몇 사람만 관심을 갖게 될 것이다. 강연을 하거나 발표를 할 때 청중들이 그 강연과 발표에 집중할 수 있는 것이 강사의 실력이다. 내용은 당연히 준비를 하는 것이기 때문에 큰 차이가 없다.

진행자들도 마찬가지다. 행사를 시작하기 전 관객들의 관심을 무대에 집중을 먼저 시킨 다음 시작을 해야 한다. 첫 시작 몇 분을 보면 어떻게 전개가 될지 대충 파악이 된다. 진행을 하면서도 미리 정리 되어 있지 않은 말을 할 때에는 그 말 앞에 '어, 아, 저' 등과 같이 필요 없는 말들이 붙는 경우가 많다. MC도 자신만의 말버릇을 하나씩은 가지고 있다. 나는 문장을 시작하기 전에 '네'라는 말을 먼저 한다. 이것은 지금부터 시작할 테니 집중해달라는 나만의 신호이다. 언젠가 내가 사용하는 횟수가 얼마나 될까 시나리오에 체크를 해본 적이 있다. 관객의 입장에서 들었을 때는 거슬리게 들릴 수 있을 만큼의 횟수를 사용하고 있었다.

그래서 사용횟수를 줄여 나가기로 하고 말을 할 때 의식적으로 체크를 했다. 나쁜 습관을 고치기 위해서는 그 행동을 하고 난 다음의 나쁜 결과를 생각하고 조금씩 반복적으로 고쳐나가야 한다.

우선 '네'라는 단어를 반으로 줄이기로 하고 노력했다. 내가 하는 말의 습관을 고쳐도 다른 사람들은 알아차리지 못한다. 만약 누군가 내가 말하는 어떤 부분이 거슬리게 들린다고 느끼는 사람이 있었다면 알 수도 있겠지만 사람들은 그 순간 평가만 하지 관심 있게 생각하지는 않는다. 말하기의 습관은 금연이나 다이어트와는 달리 조금만 신경을 쓰면 쉽게 고칠 수 있다.

나는 어떤 모임이나 강연장에 가면 진행자나 강사가 빼고 말했으면 좋겠다 싶은 단어가 있다. 말 앞에 '우리' 또는 '자'라는 단어를 너무 많이 붙인다. 모든 문장들의 시작 앞에 붙이는 경우도 있다. 특히 '자'라는 말은 왠지 말을 할 때 자신감이 없다는 느낌을 받게 한다. 나의 말버릇을 고치고 싶다면 내 목소리를 녹음해서 들어야 한다. 그러면 정말 짧은 시간에 말버릇을 고쳐나갈 수 있다. 나는 현장 진행을 오랫동안 해왔었기 때문에 말의 속도가 조금 빠른 편이었다. 말의 속도가 시나리오를 읽으면 한 줄 건너뛰기를 하는 경우도 있고 말을 버벅거릴 수도 있다. 내가 말의 속도를 줄일 수 있었던 것은 라디오 방송을 하면서 고쳐나갔다. 자신의 목소리를 녹음해서 들어보면 누구나 어색하고 듣기 싫어진다. 하지만 자꾸 들으면서 적응을 하여야 하고 어느 순간 '그냥 그렇네.'라고 느낄 때가 고쳐져가고 있다고 생각하면 된다.

말재주는 없지만 할 말 다하는 사람들의 비밀

나는 라디오를 통해서 말의 습관을 많이 트레이닝할 수 있었다.

현장의 MC와 방송을 병행하는 경우도 있다. 방송은 출연료가 적기 때문에 메인이 현장이 되고 방송은 프로필용으로 많이들 한다. 라디오는 TV와 달리 아주 묘한 매력이 있다. 처음에 방송에서 나오는 내 목소리를 들으면 손이 오그라들고 부끄럽기까지 한다. 그러면서도 문제점들을 파악하면서 하나씩 고쳐나가게 된다. 나는 다행이 음악프로그램을 진행했었기 때문에 습관이 드러나더라도 음악으로 커버가 되었다. 만약 시사 정보를 진행한다면 더 신경을 써야 한다. 정확한 정보를 전달하여야 하는데 말 앞에 군더더기가 붙으면 신경이 그쪽으로 쏠리게 된다. 특히 많은 사람들이 모여 있는 곳에서 듣는 것과 나만의 공간에서 라디오로 듣는 것은 엄청나게 차이가 난다.

나는 라디오를 통해서 말의 습관을 많이 트레이닝할 수 있었고 지금은 라디오의 장점만 모아서 현장에서 "보이는 라디오" 프로그램을 전문적으로 진행하고 있다. 현장 MC의 대처 능력과 라디오 방송의 재미를 살려서 두 가지를 동시에 일반 무대에서 진행을 하게 된 것이다.

방송국에는 PD, 작가, 엔지니어, MC가 하나의 프로그램을 운영을 한다. 나는 현장에서 혼자 네 다섯 명의 몫을 해낸다. 내가 "보이는 라디오"를 진행할 때는 음향 감독과 스태프들은 휴식 시간이 된다. 전기가 내려가지 않는 이상 방송 사고가 날 일도 없다. 작가가 써주는 시나리오는 내가 직접 내 머릿속에 써놓고 출연진들을 배치하는 PD의 역할도 내가 한다. 진행을 하면서 음악 검색을 하고 음악의 볼륨도 내가 조절을 한다. 내가 처음 이 프로그램을 시작하게 된 계기가 "컬투쇼"를 듣고 방송에서 하지 못하는 부분을 현장에서는 할 수 있기 때문에 시도를 했었는데 반응이 좋았다. 어떤 사람들은 지나가면서 주파수가 어떻게 되느냐고 물어보기도 한다. 현장에서 듣는 본인의 사연과 신청곡 행사장 내에서 스피커소리가 들리는 곳까지가 주파수 영역대이다.

일반적인 대화에서의 말하기 문제점도 누구나 가지고 있다. 나는 우리 아이들에게 말을 할 때 더 자세히 말해주고 싶어서 상세 설명을 하곤 했었다. 이것이 바로 TMI(Too Much Information)인 것이다. 적당히 설명을 하고 상대가 모르는 부분에 대해 물어오면 가르쳐주면 되는데 나의 일방적인 설명이 상대를 당황스럽게 만드는 경우이다. 이런 사람들은 본인 주변 사람 중에 설명을 많이 해주어야 할 사람이 있다거나 아니면 수다쟁이이다. 모임이나 회사에서 윗사람이 이렇게 TMI를 하면 듣는 사람들은 상당히 고통스럽다. 만약 동료들 중 이런 사람이 있다면 틀림없이 말하는 중간에 차단이 될 것이다. 그래서 나는 TMI를 고쳐나가고 있는 중이다. 상대가 물어보지 않으면 내가 굳이 더 많은 정보를 말할 필요가 없다.

우리는 사회생활을 하면서 행동으로 하는 실수나 문제점보다 말로 하는 문제점들이 더 많다. 말을 잘하지 못하는 것에 대한 문제점일 수도 있고 반대로 말을 너무 많이 하는 데서 오는 문제점도 있다. 무엇보다 당사자가 없는 상황에서 뒷담화를 하는 것은 반드시 고쳐야 할 문제점 중 하나이다. 말하기 중 제일 재미있는 것이 뒷담화이다. 옛날 우화에『임금님 귀는 당나귀 귀』가 있다. 여기에 나오는 주인공은 자신이 본 것을 다른 사람에게 말하지 못하여 비방을 찾던 중 숲속에 들어가 구덩이를 파고 그 안에다 말을 해서 마음의 병을 고치게 되지만 뒷일이 커지게 된다.

내가 알고 있는 상대방의 정보가 정확하다 하더라도 상대방의 동의 없이 말하고 다니는 것은 좋지 않다. 심지어 가짜 뉴스를 뒷담화거리로 만들어 퍼트리고 그 말이 돌아 당사자에게 들어가게 되면 당사자는 기분이 상당히 나쁘게 된다. 그 말을 한사람에게 가서 따지면 '그런 줄 알았다. 아니면 말고.' 식으로 말을 한다. 사과할 줄 모르는 상대의 행동에 한 번 더 상처를 받는다. 내가 가만히 있어도 누군가가 뒷담화를 들고 온다. 만약 그런 상황이 된다면 사실 확인을 한 다음 들은 이야기를 판단하여야 할 것이다.

말재주를 키우고 말을 잘 하기 전에 우리가 해야 할 일이 있다. 내가 잘못된 정보를 대충 이야깃거리로 말을 한다면 내 말이 다른 사람들에게 전달되어 미치는 영향을 먼저 생각해보아야 한다. 나는 강연을 가서 '말 잘하는 사람이 되지 말고 잘 말하는 사람이 되라'고 한다. 말하기 전에 우

　　　　　　　　　　　　　말재주는 없지만 할 말 다하는 사람들의 비밀

선적으로 내가 말하기를 하는데 문제점이 무엇인지를 몇 가지만이라도 파악하고 고쳐나간다면 나는 진정으로 말재주가 있는 사람이 될 것이다. 무엇인가 고친다는 생각은 어렵다는 느낌을 줄 수 있기 때문에 내말에 새로운 습관을 들인다는 마음으로 작은 것부터 실천하자!

06

준비된 말은
말재주가 있어 보인다

얼마 전『큐레이션』이라는 책을 구입해서 읽고 있다. 요즘은 수많은 정보들이 넘쳐 나와서 이것을 정리해주는 사람이 필요하다는 것이다. 나는 유튜브 〈장기진Live〉에서 나의 콘텐츠도 업로드하지만 지금 나와 있는 정보들 중에서 내가 검증을 하고 추천할 만한 콘텐츠를 내 채널에 올리는 큐레이터 채널로 만들 생각이다. 정보가 아쉬웠던 시절에는 모든 사람들이 전문가를 찾았는데 지금은 자신이 궁금한 게 있으면 인터넷 검색부터 하는 시대가 되었다. 언제 어디서나 스마트폰으로 업무를 보고 모르는 단어는 바로 검색해볼 수 있다.

이제는 정보가 너무 많다 보니 사람들이 검색을 하고도 두세 개 검색을 해봐야 믿을 수가 있을 상황까지 되었다.

한때 말 잘하는 친구들이 부러웠던 적이 있었다. 말하기를 연습하지 않고 말하기에 대해 고민해보지 않았던 시절이다. 말을 잘하는 친구는 항상 어떤 주제를 놓고 말을 시작하면 본론과 결론까지 깔끔하게 정리했다. 그때 나는 말하기는 연습을 해야 한다는 생각을 한 적이 없다. 내 나라에서 태어나서 저절로 말을 할 줄 알게 되고 국어 시험에 100점을 받아본 적도 없는데 지금 MC를 하고 있다. 내가 만약 영어 공부를 한 만큼 국어 공부를 했었다면 지금 국어 학자가 되어 있지 않을까 생각한다. 우리나라에서는 불가능할 수도 있다. 다른 과목도 잘해야 대학을 갈 수 있기 때문이다.

나는 교육 방침이 우리 부모님과는 다르다. 부모님 때에는 못 배우고 못 먹고 했을 때가 있어서 어쨌든 자식들 공부시켜 대학 보내고 좋은데 취직시키겠다고 악착같이 사셨다. 그런데 나는 부모님이 생각하시던 그런 방향으로 가지 않고 내가 원하는 곳으로 와 있다. 부모님께서 걱정하시던 밥 못 먹고 사는 시대가 아니다. 시대는 바뀌었다. 이제는 바뀐 시대에 적응하면서 살아야 잘 살 수 있다. 옛날 시골에서 논밭에 나가 일하던 시절이 아니다. 농사도 기계가 다하고 그 시절에 사셨던 어머니도 지금 휴대전화로 문자를 보내고 유튜브를 시청 하고 있다. 빠르게 변화하는 시대에 전문가가 되기 위해서는 그 변화를 앞질러 가거나 최소한 적응은 해나가야 한다.

컴퓨터를 잘 다룰 줄 모르던 나는 '누군가에게 부탁하면 되겠지', 아니면 '돈 주고 하면 되지.' 하고 생각했다. 내가 할 줄 모르면 한 두 번은 맡길 수 있지만 상황이 반복되면 귀찮거나 힘들어서 그 상황을 피하려고 하는 게 사람이다. 지금은 진행을 많이 하지만 예전에는 강의를 할 수 있는 기회가 많았었다. 강의를 하기 위해서 파워포인트로 자료를 만들어야 하고 혼자 앞에서 선생님처럼 말하는 것이 내 스타일이 아니라 생각을 했었다. 지금 생각하면 핑계였던 것이다. 하기 싫고 자신감 없어서 피했던 것이었다. 야구선수가 공을 치기 위해서는 투수가 던지는 빠른 공을 끝까지 봐야 하고 권투선수가 상대를 때리기 위해서는 날아오는 펀치를 맞으면서도 눈을 감으면 안 된다. 심지어 가만히 두고 치는 골프도 공을 치고 난 후 고개를 들어야 한다. 사소한 것 같지만 제일 중요한 것이다. 내가 성공하기 위해서는 필요하다면 피하지 말고 받아 들여야 하는 것인데 어렵다고 피하고 두렵다고 눈감고 급하다고 먼저 고개를 들었으니 강의와 난 당연히 맞지 않을 수밖에 없었다. 다행인 것은 타고난 성격이 부지런해서 무엇인가를 계속 해야 하기 때문에 진행 분야에 자기계발을 해서 후배들과 경쟁에서도 뒤처지지 않는 것이다.

코로나가 많은 사람들에게 상처를 남기고 나도 경제적 피해를 많이 봤지만 말로만 하던 성장하는 기회를 가져보자는 각오를 하게 되었다. 준비를 잘해서 코로나가 종식되고 내가 준비가 다 되었을 때 두 배로 높이

뛰겠다는 마음으로 평소 멀리 있던 책을 가까이했다. 내 평생 읽은 책보다 더 많은 책을 읽고 엄청난 생각을 하면서 의식이 바뀌기 시작했다. 유튜브를 시작하고 파워포인트를 하기 시작한 것이다. 유튜브 채널은 예전에 만들어져있었기 때문에 시험 방송을 해봐야겠다는 마음으로 무엇이든 찍어 올렸다. 그러다 보니 편집도 하게 되고 썸네일에 채널 아트도 알게 되었다. 이런 것들을 하려면 파워포인트를 해야 하는데 파워포인트도 하나하나 독학으로 처음에 실수하면 다시 하고 또 다시 하면서 익혀 나갔다. 이제는 영상의 구도와 마이크 소리도 잘나오고 필요한 부분은 파워포인트로 만들 수 있게 되었다. 이제는 강연을 해도 타이틀을 띄워놓고 자료를 넘겨가면서 더 재미있고 감동적이게 할 수가 있다.

사람은 어떤 상황에 대한 준비가 되어 있으면 자신감이 생기게 된다. 대중들 앞에 서서 떨리는 첫째 이유가 내가 잘할 수 있을까 라는 생각 때문이다. 이런 생각이 들면 '내가 준비가 덜 됐구나.'라고 결론내리면 된다. 그렇다고 포기할 수는 없으니 준비한 것을 최대한 보여주면 실패하지는 않을 것이다. 유튜브를 하면 말하기 연습과 카메라 보는 연습이 저절로 된다. 내가 독학으로 공부했던 파워포인트의 필요한 부분과 유튜브 쉽게 하는 방법을 내가 본 영상과 자료를 모아서 콘텐츠를 만들 계획이다. 이것이 바로 디지털 큐레이터가 되는 것이다.

말하기는 우리의 생활과 분리할 수가 없다. 바이러스가 창궐해서 사회적 거리두기를 하더라도 사람들은 스타벅스에서 마스크 끼고 수다를 떨고 있다. 디지털의 발달로 사람들의 뇌도 진화를 하는 것 같다. 예전에는 웃음의 포인트에 넌센스적인 반전만 있으면 됐는데 지금은 웃음에도 감동을 주어야 된다. 그만큼 전문가적인 소양을 더 많이 갖추어야 된다는 것이다.

우리의 뇌가 진화를 하고 있다고 하는 말은 시대의 변화에 따라서 내가 준비하지 않아도 보고 듣고 느끼는 것이 있으니까 뇌가 스스로 준비를 한다는 말이다. 나는 최고의 연기자는 개그맨들이라고 생각한다. 그 옛날 코미디언들은 외모로 웃음을 많이 주었다면 지금의 개그맨들은 다양한 분야에 전문가 수준의 능력을 보여주고 있다. 이렇게 하기 위해서 그 분야 최고에게 배우고 끊임없는 연습을 통해서 자기 것으로 만든 것이다. 하지만 시대는 계속 변할 것이다. 이제는 그 속도에 맞추는 것이 아니라 조금이라도 더 앞서 나가있어야 성공을 터치해볼 수 있을 것이다.

나는 책 쓰기를 최고의 작가에게 배웠다. 최고에게 배우고 그 사람의 마인드를 반만이라도 따라간다면 벌써 앞서 있는 것이 된다. 무엇을 하든지 어설프게 하는 것은 싫어하는 성격이기에 취미로 전통가구 만들기를 배울 때도 전통가구 장인을 찾아가서 배웠다. 최고에게 배운 사람들은 배운 것을 사용하지 않다가 시간이 지난 후에 다시하게 되더라도 다

말재주는 없지만 할 말 다하는 사람들의 비밀

시 그때의 실력이 나오게 된다. 내가 목공을 배울 때 톱질과 대패질만 한 달 넘게 했었다. 이유는 의욕이 앞서 힘이 들어가 있었기 때문이었다. 처음에 원고를 쓸 때 힘을 빼고 쓰라고 하신 말씀이 이해가 안 되었지만 원고를 거의 다 쓸 때쯤 "글쓰기의 힘 빼기가 이런 것이구나." 하고 느낄 수 있었다.

말하기도 마찬가지다. 힘을 빼고 말을 해야 한다. 이 말은 당신이 상대방으로부터 '어쩌면 그렇게 말씀을 잘 하세요?'라고 듣는 순간 말하기에 힘이 빠져 있다는 것을 느끼게 될 것이다. 우리는 발표나 말하기를 하기 위해서 철저한 준비를 한다. 그 준비물은 대부분 자료들이다. 우리가 진짜 준비해야 하는 것은 내 마음의 준비이다. 힘을 빼라고 하는 것도 마음의 힘을 빼라는 것이다. 잘 하려고 하기 때문에 마음에 힘이 자꾸 들어가고 힘이 들어간 마음은 감정을 제대로 짜내지 못해서 철저하게 준비한 자료만 어색하게 읽고 있는 것이다.

마음의 준비는 하루 아침에 되는 것이 아니다. 좀 더 빨리 마음의 힘 빼기 연습을 원한다면 자기계발이나 의식 도서를 읽으면 마음의 힘을 두 배는 일찍 뺄 수 있을 것이다. 마음의 힘은 뺐는데 전문적으로 아는 것이 없다면 상대방이 하는 말을 부드러워진 그 마음으로 들어주면 된다. 그리고 시간을 내어 지식을 습득하면 되는 것이다.

07

말 한마디가
인생을 바꾼다

우리의 인생을 바꿀 수 있는 말 한마디는 아무 곳에서나 또 아무에게나 한다고 되는 것이 아니다. 기회를 노려서 한다고 되는 것도 아니다. 말은 마음의 표현이라고 했다. 꾸밀 수도 있고 있는 그대로 말할 수도 있다. 어쨌든 문제가 되는 것은 장소와 대상이 누구냐에 따라서 같은 말을 했지만 나에게 득이 될 수도 해가 될 수도 있는 것이다. 말은 쉽게 사용할 수 있고 시간과 공간의 제약도 거의 받지 않는다. 그래서 사람들은 머릿속에 떠오르는 대로 말을 한다. 그러다 실수한 것을 상대가 지적하면 변명을 늘어놓기 시작한다. 주저리주저리 변명을 길게 늘어놓으니 상대는 더 싫어하게 된다. 옛 속담 중에 가장 흔히 사용되는 말이 '말 한마디로 천 냥 빚을 갚는다'이다. 책을 쓰기 전까지는 단순하게 '말을 잘 해야 하는 구나.'라고 생각을 했었다. 책을 쓰면서 말하기에 관련된 내용들을 보다가 느낀 점이 있다.

보통 '오늘부터 말을 잘할 수 있는 방법 좀 공부해야겠다.'라고 하면 영상을 보거나 책을 구입하고 좋은 말을 메모해서 자주 보면 된다고 생각한다. 그것이 아니었다. 이보다 더 한 단계 위의 옛말이 있었다. '침묵은 금이다.' 무뚝뚝한 사내아이를 키우는 부모들은 이 말은 아닌 것 같다고 할 수 있다. 아이들이 사춘기가 되면 말수가 급격히 줄어들고 자신만의 세계에 갇히게 된다. 나는 사춘기 때 부모님이 바빠서 대화를 할 기회가 거의 없었다. 그렇게 되면 자신의 세계와 말하다가 허황된 꿈을 꾸는 아이들도 있다. 다행히 나는 친구들이 많아서 사춘기를 잘 넘긴 것 같다. 사춘기의 아이들은 말을 시켜서라도 하게 해야 한다. 특히 말하지 않는 남자 아이들을 보고 있는 엄마들은 답답해하고 시간이 지나면 대화 단절까지 하게 된다.

평소 분위기 파악 못하고 자신의 이야기만 떠들어 대는 사람에게 '말 한마디로 천 냥 빚을 갚는다'는 말은 어울리지 않는다. 반면 사춘기의 말 없던 아들이 어느 날 진지하게 아버지께가서 꾸며서 말을 하든 그냥 하든 상관없이 최신 휴대폰을 바꾸어 달라고 하면서 근거 있는 이유를 말한다면 부모님은 상의를 해서 웬만하면 구입해줄 것이다. 적절하지 않은 비유 같지만 그렇지 않다. 실제로 근거 없는 말을 자주하거나 남들로부터 들은 이야기를 퍼 나르는 사람들은 주위 사람들에게 신뢰가 없다. 대부분 이런 사람들이 다른 사람의 뒷담화를 하는 경우가 많다. 사람들의 보는 눈은 대부분 비슷하기 때문에 그렇게 행동하고 말하던 사람이 진심이라고 말하면서 도움을 청한다면 과연 믿어줄 사람이 몇이나 되겠는가!

사춘기는 반항을 하는 시기라서 대부분의 아이들 특히 남자 아이들은 돌아서서 후회를 한다. 나는 사춘기 아들의 말과 행동을 되도록 이해해 주려고 하지만 아직 나도 가슴이 불타는 사람이라 한바탕할 때도 있다. 그러고 나서 둘이 앉아 내가 한 말과 아들이 한 말에 대해서 서로 반성하는 시간을 갖는다. 그래도 나는 사춘기를 겪어본 어른이고 아들은 이제 처음 겪는 시기인데 자식한테는 양보가 아니라 교육인 것이다. 내가 사춘기 때의 이야기를 허심탄회하게 하면 아들은 자신의 행동과 말이 혼자만 그런 것이 아니란 걸 알고 자제하려고 노력할 것이다. 이렇게 대화를 이끌어 내어야 부모에게 마음을 여는 청소년이 되는 것이다.

우리가 한마디의 말로 내가 원하는 것을 얻기 위해서는 평소 말하기에서 내가 가볍게 보이거나 남 탓을 하는 말은 삼가야 한다. 이런 내가 누군가에게 어려움을 말하거나 부탁을 하게 된다면 형편이 되는 사람은 도움을 줄 것이고 그렇지 않은 사람은 격려의 말이라도 해줄 것이다. 나는

말재주는 없지만 할 말 다하는 사람들의 비밀

책을 쓰면서 너무나 많은 것을 얻게 되었다. 오랜 기간 말을 하는 직업이라 말을 잘해야 한다는 생각은 항상 갖고 있었다. 내가 소속되어 있는 MC Leaders에는 17명의 프리랜서 MC와 강사, 교수가 있다. 모두가 개인으로 활동을 하지만 No.1부터 막내까지 순서는 정해져있다. 주 1회 주간회의 시간이 되면 사무실에 모이게 되는데 MC들이 회의를 하면 배가 산으로 갈 것 같고 서로 말할 것 같지만 전혀 그렇지 않다. 말하기 분야의 전문가들이라 되도록이면 말을 아낀다. 특히, 정확하지 않은 정보를 말하게 되면 엄청나게 참교육을 받는다. 이렇게 하지 않으면 정확하지 않은 정보를 대중들에게 퍼트리게 될 수 있으니 회의 중에 어떤 정보가 하나 나오면 벌써 누군가는 검색에 들어간다.

리더스 멤버들은 자신이 대표이자 직원이다. 그래서 책임감도 함께 느껴야 하는 곳이다. 함께한 지 10년이 되면 17명의 이름이 새겨진 금으로 만든 명함을 선물한다. 이것을 받는 순간 나의 행동과 말은 그 명함에 적혀있는 사람들에게 영향을 끼친다는 책임감을 느끼게 된다. 내가 알고 있는 MC들은 말을 가려가면서 하고 불필요한 말을 많이 하지 않는다. 사람들은 말하는 직업의 사람들과 함께 있으면 수다를 떨면서 재미있을 거라는 생각을 하는데 재미없다. 대신 자기계발을 위해서 취미로 하는 것들이 많아서 다방면으로 정보는 풍부하다. 나는 17명 중 책은 제일 적게 읽었고 운동은 제일 많이 했다. 책속에 답이 있다는 것을 이제 알게 되어 다행이다. 운동에 관해서 누가 물어보면 자신 있는 분야이기 때문에 신나게 말해주곤 했었다. 상대방의 필요로 하는 대답의 길이는 생각도 하지 않았다. 그렇게 하고 나면 다음 질문이 없다. 물어보는 사람이 더 부담을 느끼기 때문이다.

현재 17명은 코로나 때문에 힘겨운 하루하루를 보내고 있는 상황일 것이다. 고통스럽다 해도 과언이 아닐 정도이다. 나는 코로나가 처음 발표 됐을 때 이런 상황을 예상하고 아내에게 인생 후반전을 위한 준비를 하 겠다고 했다. 그것도 책을 쓴다고 말을 하니 평소에 운동밖에 모르던 사 람이 대단하다면서 열심히 해보라고 말을 했다. 그때까지만 해도 선포 만 했었지 쓰다가 포기할 수도 있는 상황이었다. 여기가 끝이다 뒤로 한 걸음 더 물러나면 벼랑이라 떨어지게 된다는 마음으로 책을 읽기 시작했 다. 책 속에 많은 것이 있었다. 하루에 두 권씩 그 책을 쓴 작가의 심정으 로 필사를 했다. 시간만 나면 읽고 쓰고를 계속했다. 이제는 책 읽기가 쉬워졌다. 어려운 책도 읽는 방법을 알게 되었고 여러 권의 책을 읽어나 가는 법을 깨달았다.

말하기는 책을 읽고 난 후 내 마음에 와닿는 문장을 되새기고 정리해 서 말하는 것이 올바른 말하기라는 것을 알았다. 책 속에는 말하기처럼 이야기를 장황하게 늘어놓지를 못한다. 그래서 독서를 하다 보면 말을 정리해서 하는 습관이 생기게 된다. 필사는 자신의 감수성을 키우기에 좋은 역할을 하는 것 같다. 나는 이렇게 좋은 것을 내 인생 전반전에 알게 되어 얼마나 다행인지 모른다. 요즘은 필사에서 한 단계 업그레이드해서 명언을 필사하면서 그 말을 한 사람을 알아나가는 작업을 하고 있다. 나의 유튜브 채널《장쌤TV》의 콘텐츠는 책 읽기와 말하기 더 깊이 들어가서 명언을 말한 사람들을 알아 나가면서 자기계발을 할 수 있는 채널로 꾸며나갈 것이다.

이것만 습관적으로 잘 준비하고 연습한다면 결과적으로는 내 마음의 풍요로움과 안정됨을 상대에게 말을 하고 힘든 시기의 사람들에게 슬기롭게 극복하는 방법을 스스로 찾거나 찾을 수 있도록 도움을 줄 수 있을 것이다. 말하기에 대한 책을 쓰지만 나는 말하는 방법에 관한 내용을 쓰고 싶지는 않았다. 말하기와 관련된 책들은 서점에 많이 나와 있고 참고서 같은 두 권을 소개한다. 아나운서를 준비한다면 읽어야 할 책이다. 앞서 소개한 아나운서 이계진 선생님의 『아나운서되기』와 역시 KBS 아나운서 출신 김상준 교수의 『방송언어연구』, 나는 이 두 권을 20년 전에 구입해서 책꽂이에 모셔두기만 하다가 이번에 보게 되었다. 트레이닝을 하겠다는 사람들에게 추천한다.

우리는 말로 인생을 바꿀 수 있다. 관점은 다르겠지만 내가 인생을 사는 동안 남을 비방하고 가짜 정보를 남발하는 사람들을 끊어내고 품위 있는 의식적 대화를 할 수 있는 사람들로 채운다면 인생은 바뀌었다고 생각한다.

말재주는 없지만 할 말 다하는 사람들의 비밀

08

대화중 논쟁은
무조건 피하라

　나는 농사를 짓던 부모님 아래서 태어났다. 어릴 때 도시로 나와 생활을 했지만 지금도 농촌에 대한 향수는 간직하고 있다. 집을 구할 때도 자연 환경에 더 많은 관심을 가진다. 산이 있거나 정원이 있는 집을 선호하는 편이다. 자연은 사람의 감정을 조절해주는 능력이 있다. 내가 강하다는 생각이 들 때도 자연을 보면 그렇지 않다는 것을 가르쳐주고 내가 힘들다고 느낄 때도 자연은 아름다움을 보여주면서 용기를 준다. 자연은 항상 인간의 딱딱하게 굳어지는 마음을 말랑말랑하게 해준다. 농사일은 아무나 할 수 있는 것이 아니다. 논밭에 나가서 일을 할 때도 농작물과 대화를 나누면서 자식처럼 가꾼다. 자식들이 잘 자라도록 항상 보살핀다.

농작물들 사이에 올라오는 잡초를 하나하나 뽑아내는데 잡초는 보슬비가 내리는 날 잘 뽑힌다. 땅이 말라 단단하게 굳어 있을 때는 잡초를 뽑으려하면 옆에 있는 농작물도 같이 뽑히는 경우가 있다. 그런 것을 막기 위해 보슬비가 내리는 날 비를 맞으면서 땅이 말랑말랑할 때 뽑아낸다. 신발에 흙이 좀 묻고 옷이 빗물에 젖어도 크게 신경 쓰지 않는다. 더 소중한 것을 지키기 위해서 감수해야 하는 것이기 때문이다.

우리의 대화도 농사짓기와 같다. 소중한 내 마음의 표현을 고민하다가 한마디 했는데 상대방의 호감을 사지 못하면 내 말에 가치가 없는 것이 된다. 때로는 내가 하는 말마다 반대 의견을 내어 속이 상할 때가 있다. 그렇다고 해서 나의 감정을 상대에게 보이는 것은 좋지 않다. 우선 상대방의 의도를 파악하고 차라리 상대방의 의견에 관심을 가져주는 것이 현명하다. 그렇지 않으면 주제를 바꾸어서 분위기 전환의 때를 기다린다. 만약 대화 중 의견 차이가 생기면 무조건 양보보다는 상대방의 의도를 파악하기 위해 침묵을 유지하면서 먼저 들어보는 것이 현명하다. 정치 이야기 아니고서야 이렇게까지 다툼이 생길 일은 없을 것이다.

싸움을 하게 되면 편이 나뉘게 된다. 우리 편에 말을 논리적으로 잘하는 사람이 있으면 상대 쪽에도 틀림없이 똑똑한 인물이 있을 것이다. 꼭 이겨야 하는 상황에서는 제3의 인물들을 등장시켜 나에게는 유리하고 상대에게는 불리한 상황을 만들어갈 것이다. 그러는 가운데 혹시라도 상대가 실수를 하게 되면 전세는 역전된다. 그렇다고 그 역전된 전세를 그대로 당하는 상대가 아니다. 어떠한 방법을 이용해서라도 만회하려는 노력을 할 것이다. 이렇게 밀고 당기고 시간을 보내는 것이 다툼이다. 다툼은 많은 곳에서 일어난다. 의견이 일치되면 다툴 이유가 없지만 그렇지 않을 경우 고집이 세면 셀수록 다툼은 더 잦을 수밖에 없다.

미국의 육군사관학교에서 교재로 사용할 정도인 유명한 병법서 『손자병법』은 둘 다 이기는 싸움을 하라고 했다. 이것이 가능한 일인가! 그러면서 싸우지 않고 이기는 것이 최고라고 하였다. 싸우지 않고 이기면 최고가 맞다. 대단한 것이다.

우리 주변을 보면 말만 했다하면 싸우는 사람들이 있다. 이런 사람들은 약간의 자격지심을 가졌거나 성격이 거칠다든지 아니면 싸움에는 정말 자신 있는 사람이다. 이런 사람을 "싸움닭"이라고 부른다. 시골 장터에서 하는 닭싸움에서 닭이 달려드는 것을 비유한 말이다.

나는 검도를 6년 정도 하면서 강한 사람과 강한 척하는 사람을 모두 상대해 봤다. 사람에게는 에너지가 흐른다. 무도에서는 기라고 한다. 칼끝을 맞대고 있으면 기세가 강한 사람은 내가 치고 들어갈 엄두가 나지 않는다. 잠시 견제하고 있는 사이 상대의 칼끝은 벌써 나의 머리를 치고 지나간다. 그런데 강한 척하는 사람과 칼을 맞대보면 겉으로는 강한 척하면서도 속으로는 그렇지 않다는 것이 느껴진다. 그 상대가 기술을 걸고 들어오면 기술을 사용하지 못하게 칼을 걷어 내버린다. 이렇게 몇 번을 하면 자기감정 조절을 못 하면서 허점을 보인다. 그 순간 나는 들어가서 상태의 머리를 친다.

말하기에서도 지식이 풍부하고 자신의 의견을 정확한 논리로 말하는 사람에게는 공감하고 내가 배울 점은 인정하면서 대화를 한다. 하지만 전문적인 지식도 없으면서 어디선가 듣고 온 정보로 끝까지 고집을 부리면 상대하기가 싫어진다. 둘 중에 내 편으로 만들기 쉬운 사람은 두 번째이다. 이 사람은 공감을 하면서 칭찬을 해주면 어느 순간 내 편이 되어 있다. 확고한 자기중심이 없기 때문이다. 하지만 논리 있게 자신의 주장을 밝힌 사람은 대쪽 같은 사람이 많다. 아무리 좋은 말을 해도 논리적이고 정확한 설명으로 설득을 시키지 않는 이상 내 편으로 만들기가 쉽지 않다. 우리는 이런 사람들을 가까이 두어야 한다. 처음에는 단호하지만 시간이 지날수록 품격이 느껴질 것이다.

사람이 있는 곳은 어디든지 에너지가 있다. 가족과 함께 지역 축제장을 방문해보면 활기찬 에너지를 느낄 수 있을 것이다. 시험장에 가면 긴장된 에너지를 느낄 수 있다. 만나는 사람에 따라서도 느끼는 에너지는 다르다.

TV를 통해서 UFC를 보고 있으면 나도 모르게 싸움의 기운이 내 몸에 들어오는 것을 느낀다. 특히 남자들은 집에서 TV를 보다가 몸을 움찔움찔한다. 가끔 아내가 옆에서 당신이 싸우느냐 가만히 보라고 한다. 그리고는 아이들 있을 때는 보지 않았으면 좋겠다고 한다. 어른들은 아이들 앞에서 하지 말아야 할 행동과 말을 많이 한다. 특히 아이들은 어른들이 사용하는 말과 행동을 바로 습득하기 때문에 조심해야 한다. 부부 싸움을 많이 하는 가정의 아이들이 성격 장애가 많고 행동도 거칠다는 연구 결과는 오래전 나와 있다. 이것은 그 아이가 어른이 된 후 사용하는 말투에도 영향을 미친다. 만약 환경이 좋지 않은 곳에서 자랐고 평소 불평 불만을 자주한다면 자신도 모르게 그런 에너지를 느끼면서 자라서이다.

이런 사람들은 심리적 치료가 필요하다. 그냥 살아갈 수도 있지만 많은 트러블과 불만으로 세상의 긍정적인 면보다 부정적인 면을 더 많이 겪게 될 것이다. 치료라고 하기에는 그런 사람들이 많이 있기 때문에 나 스스로 변화한다고 생각하면 된다. 자기계발서를 읽고 의식 도서를 읽으면서 좋은 강연을 즐겨 듣는다면 단기간에 스스로가 먼저 변화되어가는 자신의 모습을 보게 될 것이다. 그렇게 변하고 나면 누구를 만나더라도 좋은 에너지와 좋지 않은 에너지를 빠르게 느낄 수 있다. 그 순간 스스로 어떤 행동을 하여야 할지 빠른 판단을 할 수가 있다.

나는 청소년 시절 친구들과 몰려 다니면서 싸움도 많이 했었다. 특히 괴롭힘을 당하는 사람들을 구해주면서 나쁜 사람들과 많이 싸웠다. 그런 것이 정의롭고 약자는 도우면서 살아야 한다고 배웠었다. 하지만 나에게 돌아오는 것은 나를 비행 청소년으로 바라보는 차가운 시선 뿐이었다. 나는 비행 청소년이 아니라 정의로운 아이였다. 그 후 나는 길을 가도 큰 길로만 다니고 사람이 많은 곳으로만 다녔었다.

나쁜 에너지를 피하고 싶었다. 지금도 나는 어두워지면 술집이 많은 거리나 인적이 드문 곳을 가지 않는다. 모임이나 대화 장소에 들어가는 순간 어떤 느낌이 있을 것이다. 그날 나의 말하기는 어느 방향으로 하여야 할지 그 순간 거의 정해진다.

세상을 살면서 다양한 사람을 만나고 그 사람들은 제각각 다른 성격과 말하기 습관을 가지고 있다. 그래서 상대방을 존중하면서 그 사람이 어떤 사람인지 외모와 대화를 통해 알아나가게 된다. 한 사람의 스타일은 첫인상으로 느끼는 것에서 크게 변하지는 않는다. 의외의 경우도 있지만 내 느낌이 좋다면 그 사람은 나와 맞는 사람일 것이고 느낌이 좋지 않다면 시간을 두고 좀 더 알아나가야 할 것이다.

부정적인 상대를 만나고 나와 의견이 맞지 않은 사람을 만나면 충돌하

말재주는 없지만 할 말 다하는 사람들의 비밀

게 된다. 한 번 논쟁을 시작하면 앞으로도 논쟁이 계속될 수가 있고 내 마음의 말이 아닌 독설을 풀어내게 될 것이다. 논쟁의 소지가 있으면 분위기를 전환해서 그 상황을 무조건 벗어나야 한다.

그 논쟁에서 내가 이긴다 하더라도 2라운드, 3라운드가 또 기다리고 있기 때문이다.

말은 거짓을 없애고 진심을 담아야 한다.
그러면 말로 인해 우리는 인생을 바꿀 수 있다.